Impressum

Verlag: BABADADA GmbH, Nedderfeld 112 , 22529 Hamburg

Geschäftsführer / Verlagsleitung: Harald Hof

Druck: Books on Demand GmbH, In de Tarpen 42, 22848 Norderstedt

Imprint

Publisher: BABADADA GmbH, Nedderfeld 112 , 22529 Hamburg, Germany

Managing Director / Publishing direction: Harald Hof

Print: Books on Demand GmbH, In de Tarpen 42, 22848 Norderstedt, Germany

ໂຮງຮຽນ

школа

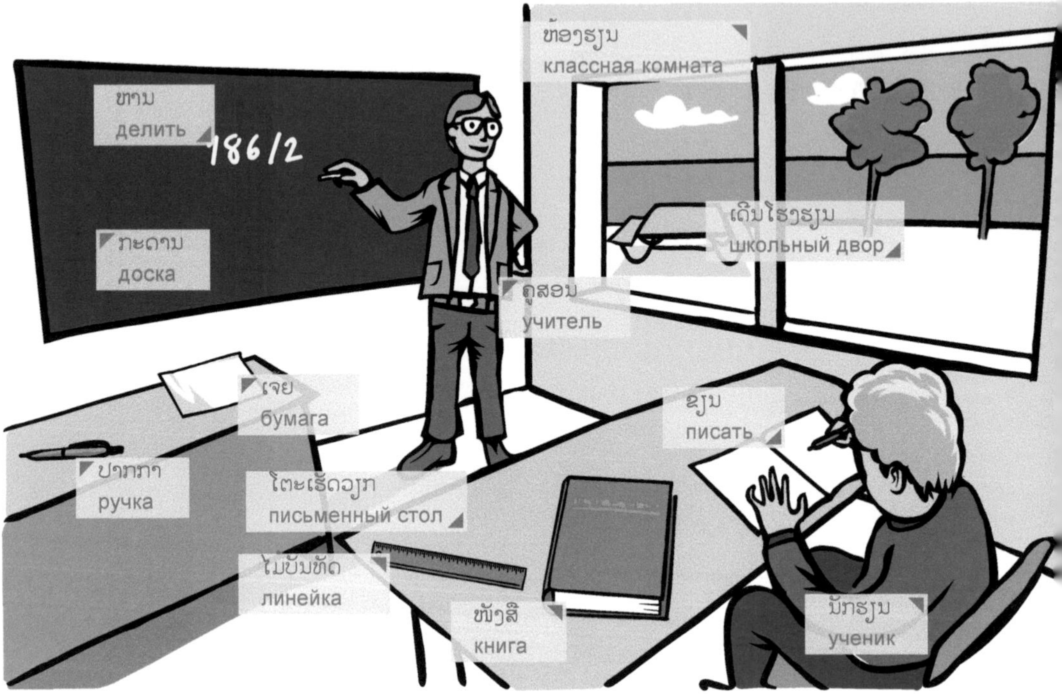
ຫ້ອງຮຽນ
классная комната
ຫານ
делить
186/2
ກະດານ
доска
ເດີ່ນໂຮງຮຽນ
школьный двор
ຄູສອນ
учитель
ເຈ້ຍ
бумага
ຂຽນ
писать
ປາກກາ
ручка
ໂຕະເຮັດວຽກ
письменный стол
ໄມ້ບັນທັດ
линейка
ໜັງສື
книга
ນັກຮຽນ
ученик

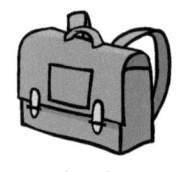

ກະເປົາໃສ່ປຶ້ມທີ່ມີສາຍພາຍ

ранец

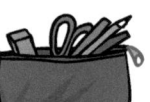

ກັບສໍດຳ

пенал

ສໍດຳ

карандаш

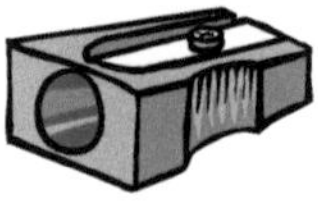

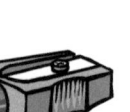

ເຄື່ອງແຫຼມສໍ

точилка

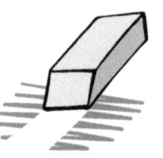

ຢາງລຶບ

ластик

ສະໝຸດແຕ້ມຮູບ

альбом для рисования

ພາບວາດ

рисунок

ແປງທາສີ

кисточка

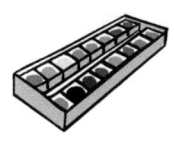

ກ່ອງສີ

коробка красок

ມິດຕັດ

ножницы

ກາວ

клей

ປຶ້ມເຝິກຫັດ

тетрадь

ວຽກບ້ານ

домашняя работа

ຕົວເລກ

цифра

ບວກ

прибавлять

ລົບ

вычитать

ຄູນ

умножать

ຄິດໄລ່

считать

ຕົວອັກສອນ

буква

ພະຍັນຊະນະ

алфавит

ຄຳສັບ

слово

ຂໍ້ຄວາມ

текст

ອ່ານ

читать

ສໍຂາວ

мел

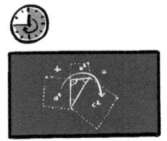

ບົດຮຽນ

урок

ລິງທະບຽນ

классный журнал

ການສອບເສັງ

экзамен

ໃບຍັ້ງຢືນ

диплом

ຊຸດນັກຮຽນ

школьная форма

ການສຶກສາ

образование

ປຶ້ມຮອບຮວມຄວາມຮູ້ສາລະພັດ

энциклопедия

ມະຫາວິທະຍາໄລ

университет

ກ້ອງຈຸລະທັດ

микроскоп

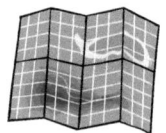

ແຜນທີ່

карта

ກະຕ່າໃສ່ເສດເຈ້ຍ

корзина для бумаг

ການທ່ອງທ່ຽວ

путешествие

ໂຮງແຮມ
гостиница
Grand
ໂຮສເທລ
турбаза
ROOMS
CHANGE
ບ່ອນແລກປ່ຽນເງິນຕາ
пункт обмена валюты
ກະເປົາເດີນທາງ
чемодан
ລົດຍົນ
автомобиль

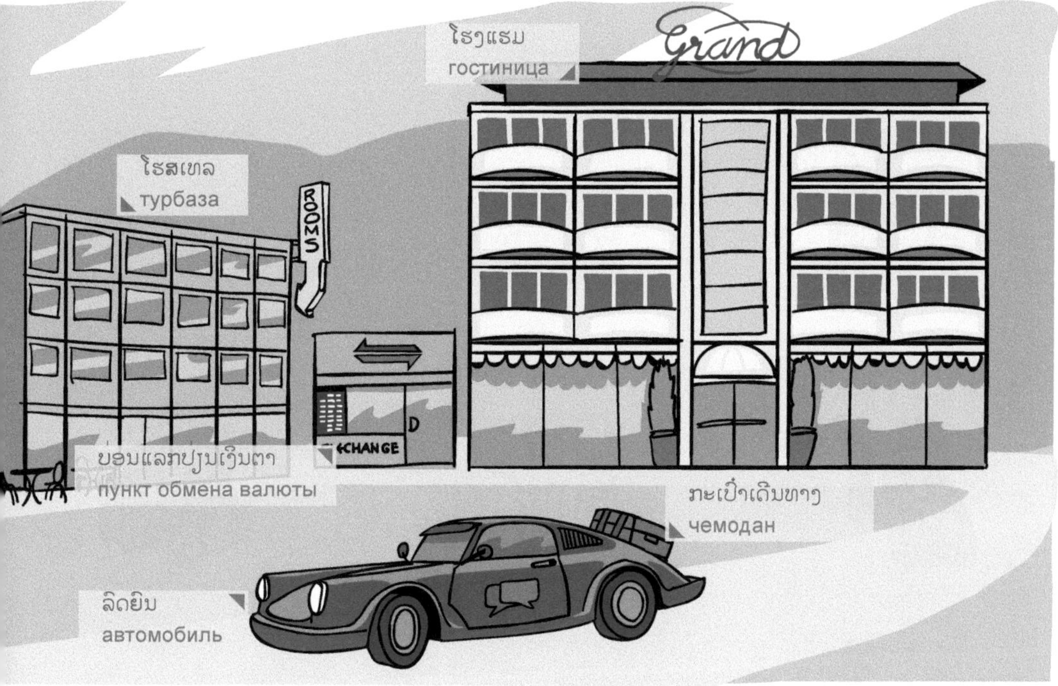

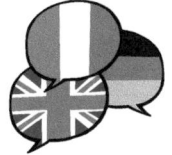

ພາສາ

язык

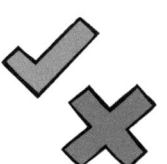

ແມ່ນ / ບໍ່ແມ່ນ

да / нет

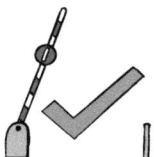

ຕົກລົງ

хорошо

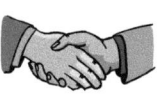

ສະບາຍດີ

Привет

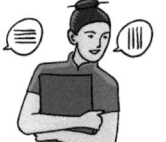

ນັກແປພາສາ

переводчик

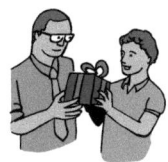

ຂອບໃຈ

Спасибо

ລາຄາເທົ່າໃດ...?

Сколько стоит...?

ຂ້ອຍບໍ່ເຂົ້າໃຈ

Я не понимаю

ບັນຫາ

проблема

ສະບາຍດີຕອນແລງ!

Добрый вечер!

ສະບາຍດີຕອນເຊົ້າ!

Доброе утро!

ລາຕິສະຫວັດ

Доброй ночи!

ລາກ່ອນ

До свидания

ທິດທາງ

направление

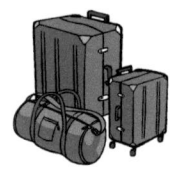

ກະເປົ໋າເດີນທາງ

багаж

ກະເປົ໋າ

сумка

ກະເປົາພາຍຫຼັງ

рюкзак

ແຂກ

гость

ຫ້ອງ

комната

ຖົງໃສ່ເຄື່ອງນອນ

спальный мешок

ເຕັ້ນ

палатка

ຂໍ້ມູນນັກທ່ອງທ່ຽວ

туристическая
информация

ຊາຍຫາດ

пляж

ບັດເຄຣດິດ

кредитная карточка

ອາຫານເຊົ້າ

завтрак

ອາຫານທ່ຽງ

обед

ອາຫານແລງ

ужин

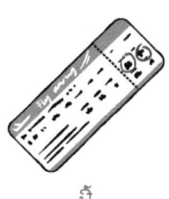

ປີ້

билет

ລິຟ

лифт

ສະແຕມ

почтовая марка

ພົມແດນ

граница

ພາສີ

таможня

ສະຖານທູດ

посольство

ວິຊາ

виза

ໜັງສືຜ່ານແດນ

паспорт

ຂົນສົ່ງ

транспорт

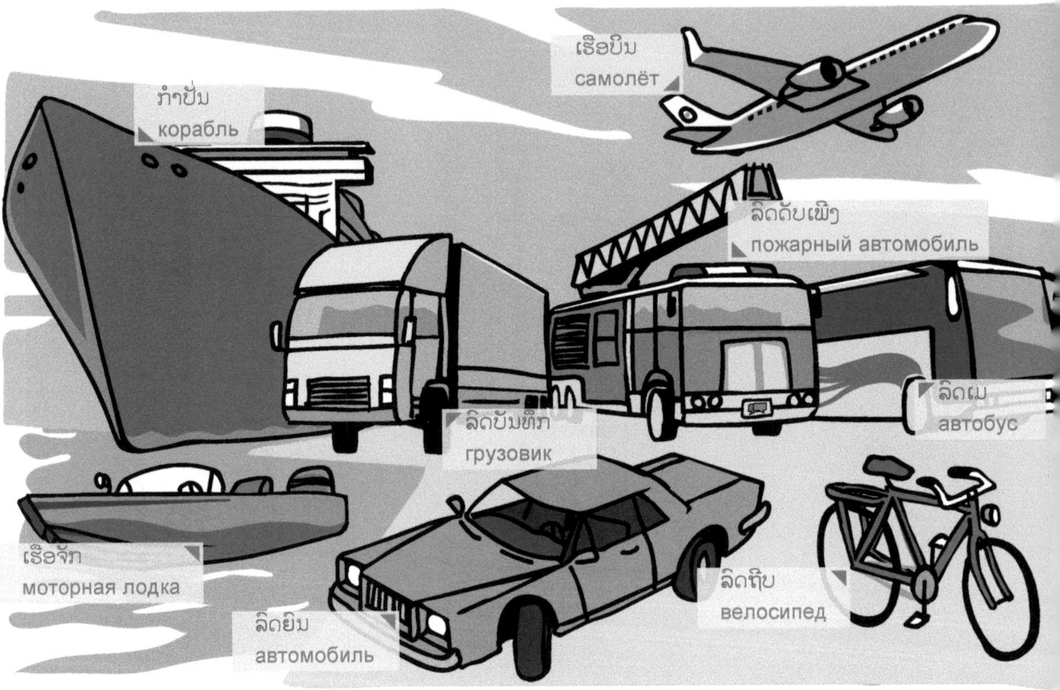

ເຮືອບິນ
самолёт
ກຳປັ່ນ
корабль
ລົດດັບເພີງ
пожарный автомобиль
ລົດເມ
автобус
ລົດບັນທຸກ
грузовик
ເຮືອຈັກ
моторная лодка
ລົດຖີບ
велосипед
ລົດຍົນ
автомобиль

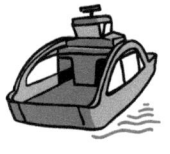

ເຮືອຂ້າມຟາກ

паром

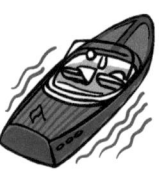

ເຮືອ

лодка

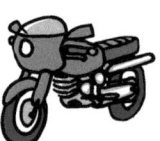

ລົດຈັກ

мотоцикл

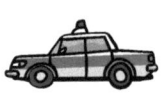

ລົດຕຳຫຼວດ

полицейский автомобиль

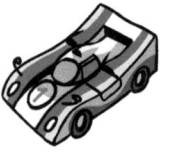

ລົດແຂ່ງ

гоночный автомобиль

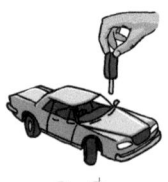

ລົດເຊົ່າ

арендованный автомобиль

ການແບ່ງປັນກັນໃຊ້ລົດ

ຄວມestноe пользование
автомобилями

ລົດລາກ

буксировочный
автомобиль

ລົດຂົນຂີ້ເຫຍື້ອ

мусоровоз

ເຄື່ອງຍົນ

двигатель

ເຊື້ອໄຟ

топливо

ປໍ້ານໍ້າມັນ

заправка

ປ້າຍຈາລະຈອນ

дорожный знак

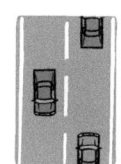

ການຈາລະຈອນ

движение

ການຈາລະຈອນຕິດຂັດ

пробка

ບ່ອນຈອດລົດ

автостоянка

ສະຖານີລົດໄຟ

вокзал

ລາງລົດໄຟ

рельсы

ລົດໄຟ

поезд

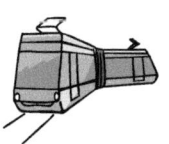

ລົດລາງ

трамвай

ຕູ້ລົດໄຟ

вагон

ເຮລິຄອບເຕີ
....
вертолёт

ສະໜາມບິນ
....
аэропорт

ຫໍຄອຍ
....
вышка

ຜູ້ໂດຍສານ
....
пассажир

ຕູ້ບັນຈຸສິນຄ້າ
....
контейнер

ກ່ອງເຈ້ຍ
....
коробка

ລໍ້ລາກ
....
тележка

ກະຕ່າ
....
корзина

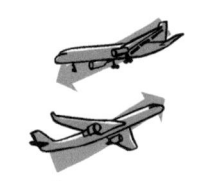

ເຮືອບິນຂຶ້ນ / ເຮືອບິນລົງຈອດ
....
взлетать / приземляться

ເມືອງ

город

ບ້ານ
....
деревня

ໃຈກາງເມືອງ
....
центр города

ເຮືອນ
....
дом

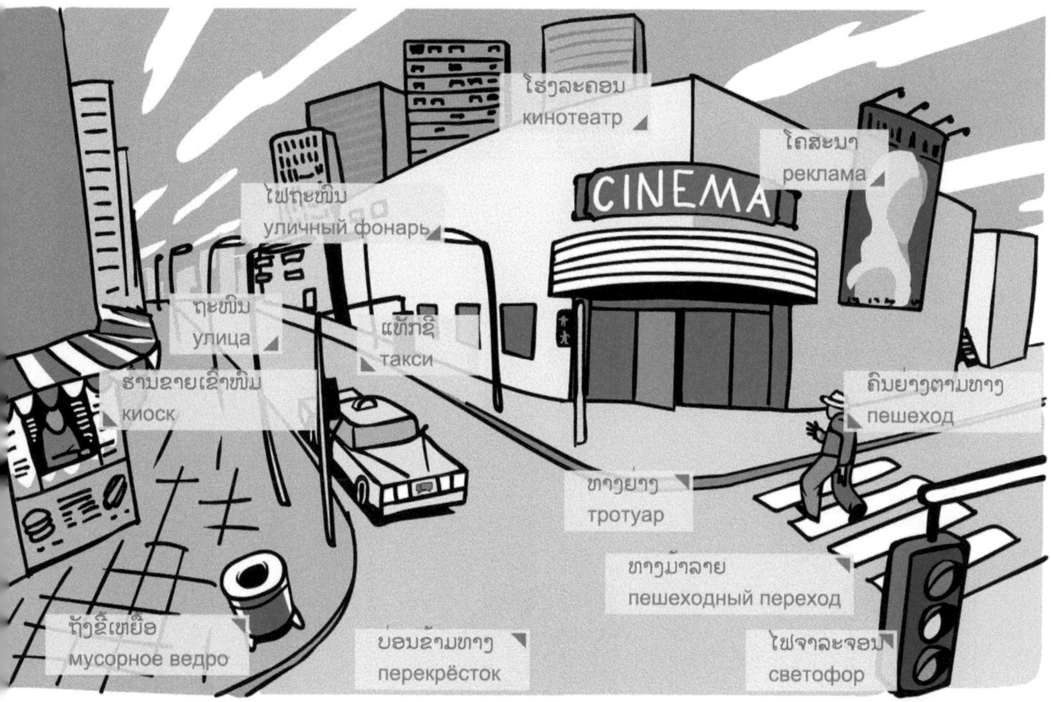

ໂຮງລະຄອນ
кинотеатр
CINEMA
ໂຄສະນາ
реклама
ໄຟຖະໜົນ
уличный фонарь
ຖະໜົນ
улица
ແທັກຊີ
такси
ຮ້ານຂາຍເຂົ້າໜົມ
киоск
ຄົນຍ່າງຕາມທາງ
пешеход
ທາງຍ່າງ
тротуар
ທາງມ້າລາຍ
пешеходный переход
ຖັງຂີ້ເຫຍື້ອ
мусорное ведро
ບ່ອນຂ້າມທາງ
перекрёсток
ໄຟຈາລະຈອນ
светофор

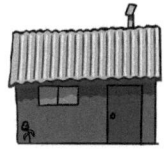

ຕູບ

хижина

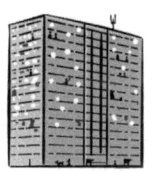

ແຟລດ

квартира

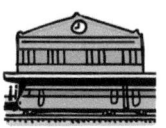

ສະຖານີລົດໄຟ

вокзал

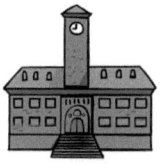

ໂຮງການເມືອງ

ратуша

MUSEUM

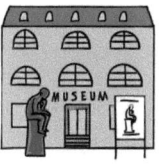

ຫໍພິພິດຕະພັນ

музей

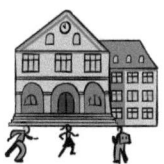

ໂຮງຮຽນ

школа

ມະຫາວິທະຍາໄລ

университет

ທະນາຄານ

банк

ໂຮງໝໍ

больница

ໂຮງແຮມ

гостиница

ຮ້ານຂາຍຢາ

аптека

ຫ້ອງການ

офис

ຮ້ານຂາຍໜັງສື

книжный магазин

ຮ້ານຄ້າ

магазин

ຮ້ານຂາຍດອກໄມ້

цветочный магазин

ຊຸບເປີມາກເກັດ

супермаркет

ຕະຫຼາດ

рынок

ຫ້າງສັບພະສິນຄ້າ

универмаг

ຮ້ານຂາຍປາ

торговец рыбой

ສູນການຄ້າ

торговый центр

ທ່າເຮືອ

порт

ສວນສາທາລະນະ

парк

ແປ້ນມ້າ

скамейка

ຂົວ

мост

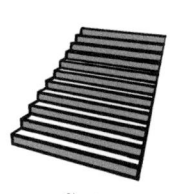

ຂັ້ນໃດ

лестница

ລົດໄຟໃຕ້ດິນ

метро

ອຸໂມງ

тоннель

ປ້າຍລົດເມ

автобусная остановка

ຮ້ານຂາຍເຫຼົ້າ

бар

ຮ້ານອາຫານ

ресторан

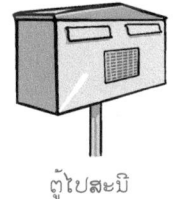

ຕູ້ໄປສະນີ

почтовый ящик

ປ້າຍຊື່ຖະໜົນ

табличка с названием
улицы

ມີເຕີເກັບຄ່າຜາກລົດ

паркометр

ສວນສັດ

зоопарк

ສະລອຍນ້ຳ

бассейн

ວັດມຸດສະລິມ

мечеть

ຟາມ
....
ферма

ມົນລະພິດ
....
загрязнение окружающей
среды

ສຸສານ
....
кладбище

ໂບດ
....
церковь

ເດີບຫຼິ້ນຂອງເດັກນ້ອຍ
....
детская площадка

ອັດມຸດສະລິມ
....
храм

ພູມິປະເທດ

ландшафт

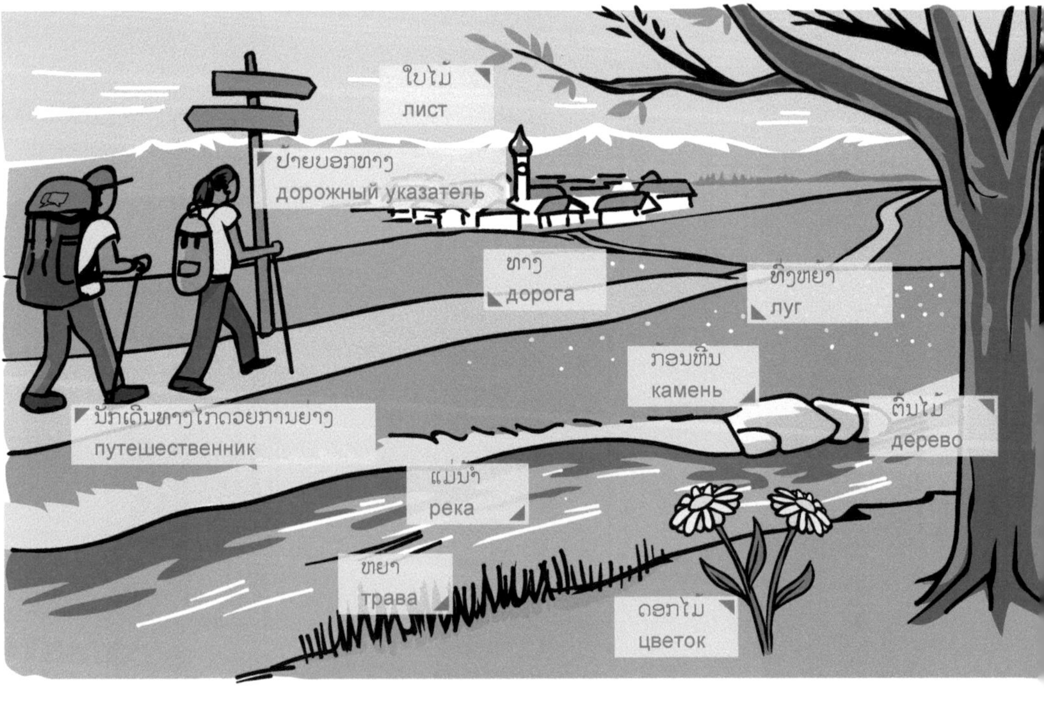

ໃບໄມ້
лист

ປ້າຍບອກທາງ
дорожный указатель

ທາງ
дорога

ທົ່ງຫຍ້າ
луг

ກ້ອນຫີນ
камень

ນັກເດີນທາງໄກຄອຍການຍາງ
путешественник

ຕົ້ນໄມ້
дерево

ແມ່ນ້ຳ
река

ຫຍ້າ
трава

ດອກໄມ້
цветок

ຮ່ອມພູ

долина

ເນີນເຂົາ

гора

ທະເລສາບ

озеро

ປ່າ

лес

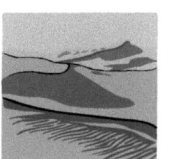

ທະເລຊາຍ

пустыня

ພູເຂົາໄຟ

вулкан

ຫໍປະສາດ

замок

ຮຸ້ງກິນນ້ຳ

радуга

ເຫັດ

гриб

ຕົ້ນປາມ

пальма

ຍຸງ

комар

ແມງວັນ

муха

ມົດ

муравей

ເຜີ້ງ

пчела

ແມງມຸມ

паук

ແມງປິກແຂງ

жук

ກົບ

лягушка

ກະຮອກ

белка

ເໝັ້ນ

еж

ກະຕ່າຍປ່າ

заяц

ນົກເຄົ້າ

сова

ນົກ

птица

ຫົງ

лебедь

ໝູປ່າຕົວຜູ້

кабан

ກວາງ

олень

ກວາງໃຫຍ່

лось

ເຊື່ອນ

плотина

ໜາກປັ່ນ

ветряной генератор

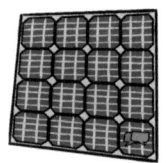

ແຜງໂຊລາເຊລ

солнечная батарея

ສະພາບອາກາດ

климат

ຮ້ານອາຫານ

ресторан

ຄົນເສີບຊາຍ
официант
ລາຍການອາຫານ
меню
ຕັ່ງນັ່ງ
стул
ຊຸບ
суп
ພິສຊາ
пицца
ຜ້າປູໂຕະ
скатерть
ເຄື່ອງໃຊ້ເທິງໂຕະອາຫານ
столовые приборы

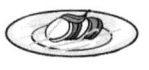

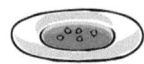

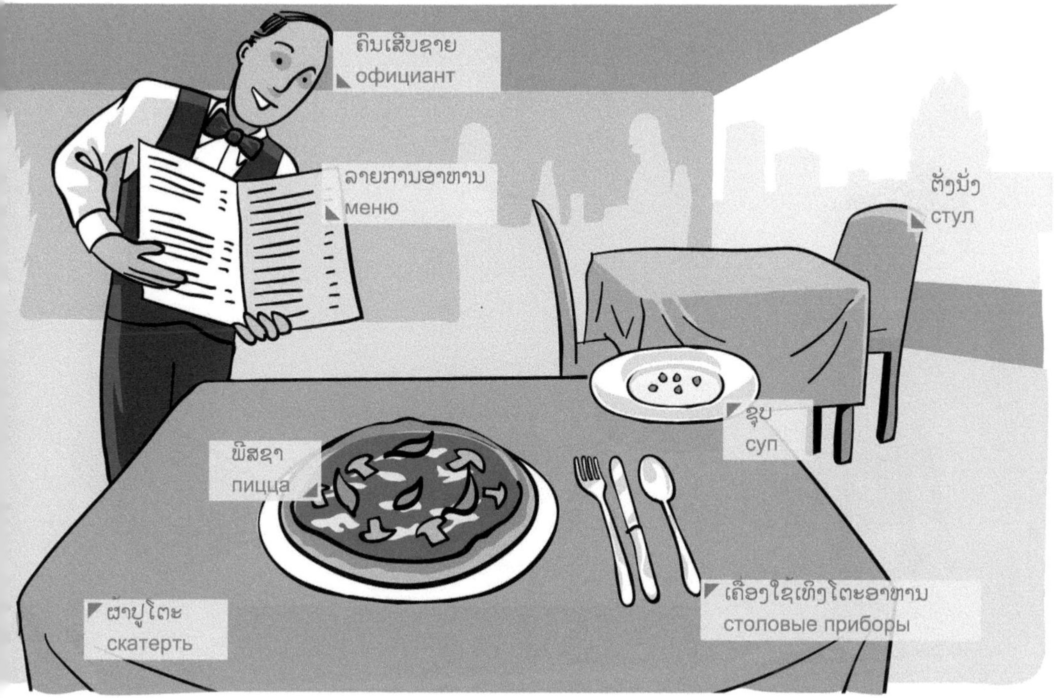

ອາຫານເລີ່ມຕົ້ນ

....

закуска

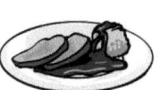

ອາຫານຈານຫຼັກ

....

главное блюдо

ຂອງຫວານ

....

десерт

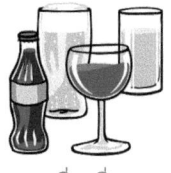

ເຄື່ອງດື່ມ

....

напитки

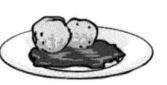

ອາຫານ

....

еда

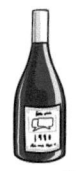

ຂວດແກ້ວ

....

бутылка

ອາຫານຈານດ່ວນ

фастфуд

ຮ້ານຂ້າງທາງ

уличная еда

ເຕົ້ານ້ຳຊາ

чайник

ຖ້ວຍນ້ຳຕານ

сахарница

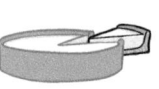

ສ່ວນແບ່ງອາຫານສຳລັບໜຶ່ງຄົນ

порция

ເຄື່ອງຊົງກາເຟເອສເປຣສໂຊ

кофеварка

ເກົ້າອີ້ສູງ

детский стульчик

ໃບເກັບເງິນ

счет

ຖາດ

поднос

ມີດ

нож

ສ້ອມ

вилка

ບ່ວງ

ложка

ຊ້ອນຊາ

чайная ложка

ຜ້າເຊັດປາກຢູ່ໂຕະອາຫານ

салфетка

ຈອກແກ້ວ

стакан

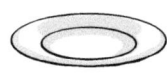

ຈານ
....
тарелка

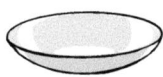

ຈານຊຸບ
....
суповая тарелка

ຈານຮອງ
....
блюдце

ຊອສ
....
соус

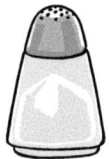

ກະປຸກເກືອ
....
солонка

ກະປຸກພິກໄທ
....
мельница для перца

ນ້ຳສົ້ມສາຍຊູ
....
уксус

ນ້ຳມັນພືດ
....
масло

ເຄື່ອງເທດ
....
специи

ຊອສໝາກເດັ່ນ
....
кетчуп

ຜັກຈຳພວກຜັກກາດ
....
горчица

ມາຍອນເນສ
....
майонез

ຊູບເປີມາກເກັດ

супермаркет

FOR
ຂໍ້ສະເໜີພິເສດ
специальное предложение
ລູກຄ້າ
покупатель
ຜະລິດຕະພັນທີ່ເຮັດຈາກນົມ
молочные продукты
ໝາກໄມ້
фрукты
ລົດຊຸກ
тележка для покупок

BUTCHERS

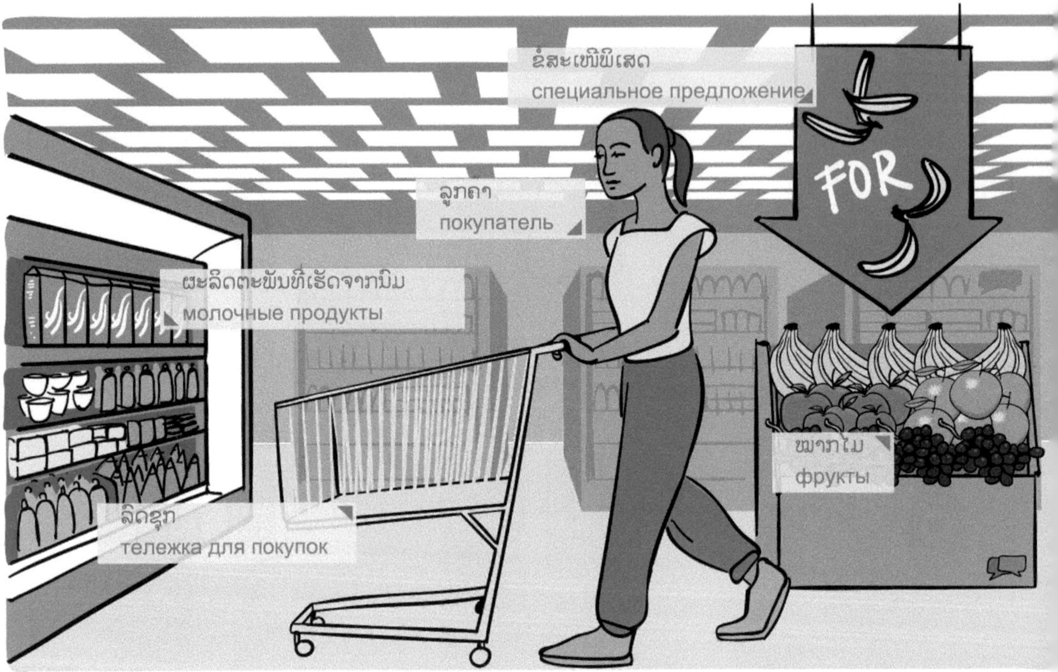

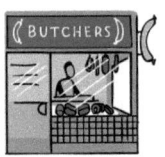

ຮ້ານຂາຍຊີ້ນ

мясной магазин

BAKERY

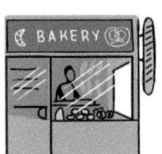

ຮ້ານຂາຍເຂົ້າໜົມປັງ

пекарня

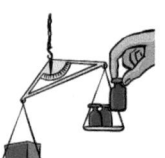

ຊັ່ງນ້ຳໜັກ

взвешивать

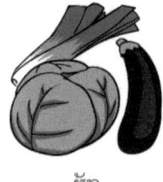

ຜັກ

овощи

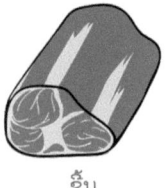

ຊີ້ນ

мясо

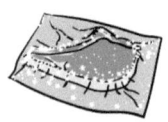

ອາຫານແຊ່ແຂງ

быстрозамороженные продукты

ຊີ້ນຫັ້ນ

нарезка

ອາຫານກະປ໋ອງ

консервы

ແຜ່ນຊັກເຄື່ອງ

стиральный порошок

ເຂົ້າໜົມຫວານ

сладости

ຜະລິດຕະພັນໃນຄົວເຮືອນ

предмет домашнего обихода

ຜະລິດຕະພັນທຳຄວາມສະອາດ

моющее средство

ພະນັກງານຂາຍຍ່ອຍ

продавщица

ເຄື່ອງຄິດເງິນ

касса

ພະນັກງານເກັບເງິນ

кассир

ລາຍການຊື້ເຄື່ອງ

список покупок

ເວລາເປີດເຮັດວຽກ

время работы

ກະເປົາເງິນ

бумажник

ບັດເຄຣດິດ

кредитная карточка

ຖົງ

сумка

ຖົງຢາງ

полиэтиленовый пакет

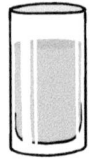

ນ້ຳ

вода

ນ້ຳໝາກໄມ້

сок

ນົມ

молоко

ໂຄກ

кока-кола

ອາຍ

вино

ເບຍ

пиво

ເຫຼົ້າ

алкоголь

ໂກໂກ້

какао

ຊາ

чай

ກາເຟ

кофе

ເອສເປຣສໂຊ

эспрессо

ຄາປູຊີໂນ

капучино

ໝາກກ້ວຍ

банан

ແອັບເປິ້ນ

яблоко

ໝາກກ້ຽງ

апельсин

ໝາກໂມ

арбуз

ໝາກນາວ

лимон

ທິວກະຮິດ

морковь

ຜັກທຽມ

чеснок

ຕົ້ນໄຜ່

бамбук

ຫອມບົ່ວ

лук

ເຫັດ

гриб

ຖົ່ວ

орехи

ເສັ້ນໝີ່

лапша

ສະປາແກັດຕີ້

спагетти

ເຂົ້າ

рис

ສະຫຼັດ

салат

ມັນຝຣັ່ງທອດ

картофель фри

ມັນຝຣັ່ງທອດ

жареный картофель

ພິສຊາ

пицца

ແຮມເບີເກີ້

гамбургер

ແຊນອິດຈ໌

сэндвич

ຂົ້ນຕິດກະດູກ

шницель

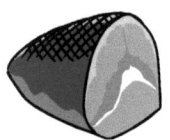

ແຮມ

ветчина

ໄສ້ກອກແຫ້ງຊາລາມິ

салями

ໄສ້ກອກ

колбаса

ໄກ່

курица

ຢ້າງ

жаркое

ປາ

рыба

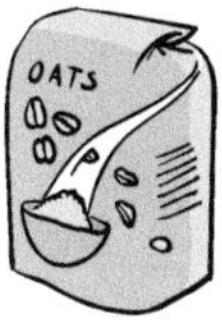

ເຂົ້າປຽກເຂົ້າໂອດ

овсяные хлопья

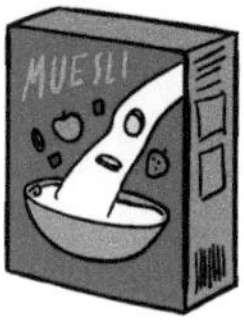

ອາຫານຊະນິດເປັນເມັດກອບ

мюсли

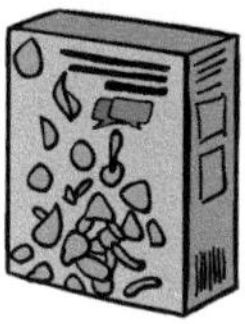

ເຂົ້າຊຽບເປັນປ່ຽງນ້ອຍໆ

кукурузные хлопья

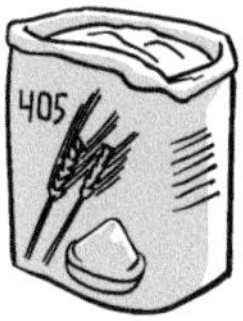

ເຂົ້າແປ້ງ

мука

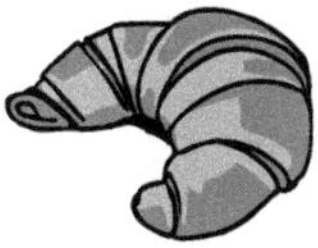

ເຂົ້າຈີ່ຊະນິດໜຶ່ງມີຮູບເດືອນເຄິ່ງ
ໜວຍ

круассан

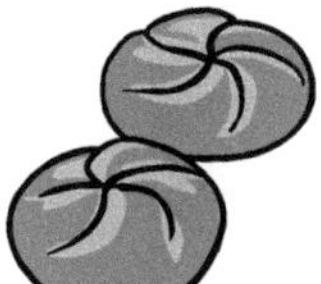

ເຂົ້າໜົມປັງແບບມ້ວນ

булочка

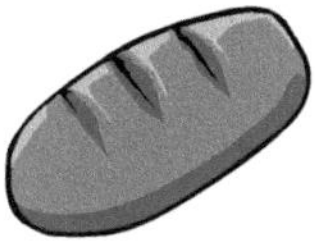

ເຂົ້າໜົມປັງ

хлеб

ເຂົ້າໜົມປັງປີ້ງ

тост

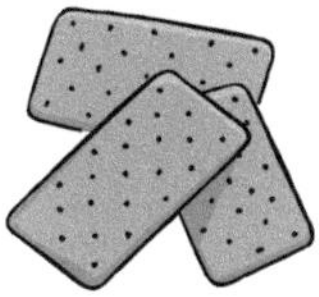

ເຂົ້າໜົມປັງຊະນິດກ້ອນນ້ອຍ

печенье

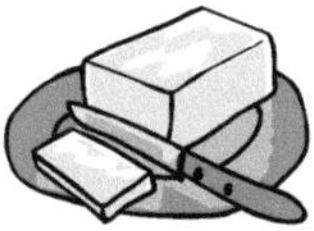

ເນີຍ

масло

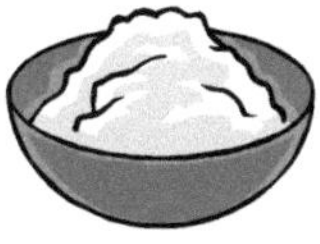

ນ້ຳນົມແຂ້ນ

творог

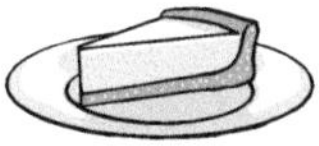

ເຄກ

пирог

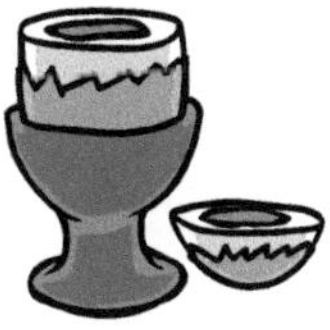

ໄຂ່

яйцо

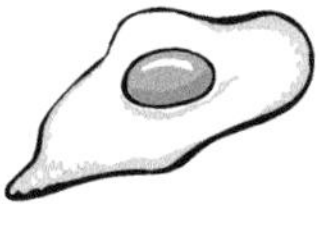

ໄຂ່ດາວ

яичница

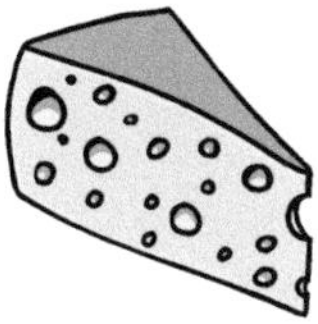

ເນີຍແຂງ

сыр

ກະແລ້ມ

мороженое

ນ້ຳຕານ

сахар

ນ້ຳເຜິ້ງ

мёд

ແຍມ

мармелад

ຊ້ອກໂກແລັດຄຣີມສະເປຣຕ

крем с нугой

ກະລີ່

карри

ຟາມ
ферма

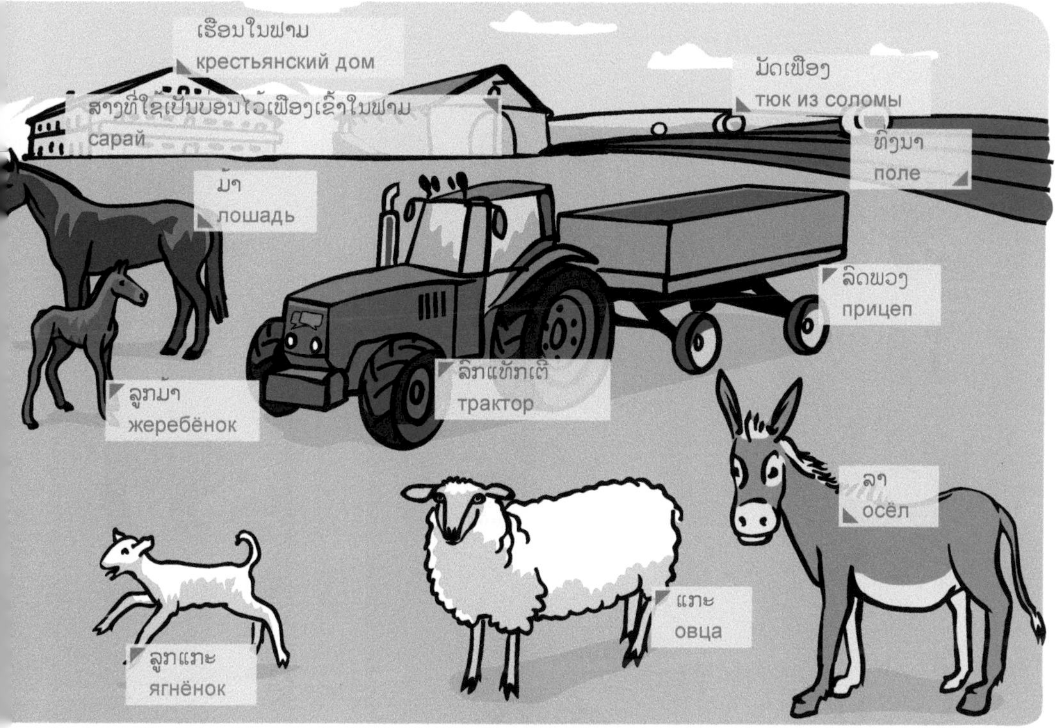

ເຮືອນໃນຟາມ
крестьянский дом
ສາງທີ່ໃຊ້ເປັນບ່ອນໄວ້ເຟືອງເຂົ້າໃນຟາມ
сарай
ມັດເຟືອງ
тюк из соломы
ທົ່ງນາ
поле
ມ້າ
лошадь
ລົດພ່ວງ
прицеп
ລົດແທັກເຕີ
трактор
ລູກມ້າ
жеребёнок
ລາ
осёл
ແກະ
овца
ລູກແກະ
ягнёнок

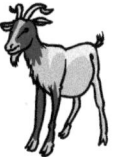

ແກະ

коза

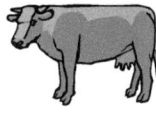

ງົວຕົວແມ່

корова

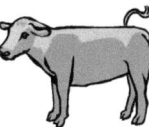

ລູກງົວ

телёнок

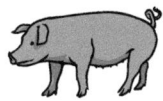

ໝູ

свинья

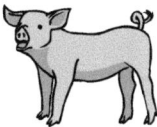

ລູກໝູ

поросёнок

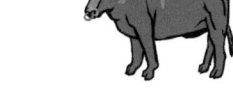

ງົວຕົວຜູ້

бык

ຫ່ານ
....
гусь

ເປັດ
....
утка

ລູກໄກ່
....
цыплёнок

ແມ່ໄກ່
....
курица

ໄກ່ຜູ້
....
петух

ຫນູ
....
крыса

ແມວ
....
кошка

ຫນູ
....
мышь

ງົວຕົວຜູ້
....
вол

ຫມາ
....
собака

ຄອກຫມາ
....
конура

ສາຍທໍ່ຢາງທີ່ໃຊ້ໃນສວນ
....
садовый шланг

ຊ້ອຫົດຕົ້ນໄມ້
....
лейка

ກ່ຽວດ້າມຍາວ
....
коса

ຄັນໄຖ
....
плуг

ກ່ຽວ

серп

ຈົກ

мотыга

ຄາດ

навозные вилы

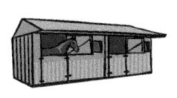

ຂວານ

топор

ລົດຍູ້ລໍ້ດຽວ

тачка

ຮາງລິນ

корыто

ປ່ອງນົມ

бидон для молока

ກະສອບ

мешок

ຮົ້ວ

забор

ຄອກມ້າ

хлев

ເຮືອນກະຈົກ

теплица

ດິນ

почва

ແກ່ນ

посев

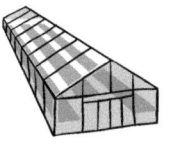

ປຸ໋ຍ

удобрение

ເຄື່ອງກ່ຽວເຂົ້າ

комбайн

ເກັບກ່ຽວ

собирать урожай

ການເກັບກ່ຽວ

урожай

ເຜືອກ

ямс

ເຂົ້າສາລີ

пшеница

ຖົ່ວເຫຼືອງ

соя

ມັນຝຣັ່ງ

картофель

ເຂົ້າໂພດ

кукуруза

ດອກເຣພຊິດ

рапс

ຕົ້ນໄມ້ທີ່ອອກໝາກ

фруктовое дерево

ມັນຕົ້ນ

маниок

ພືດຊະນິດເມັດ

злаки

ຟາມ - ферма

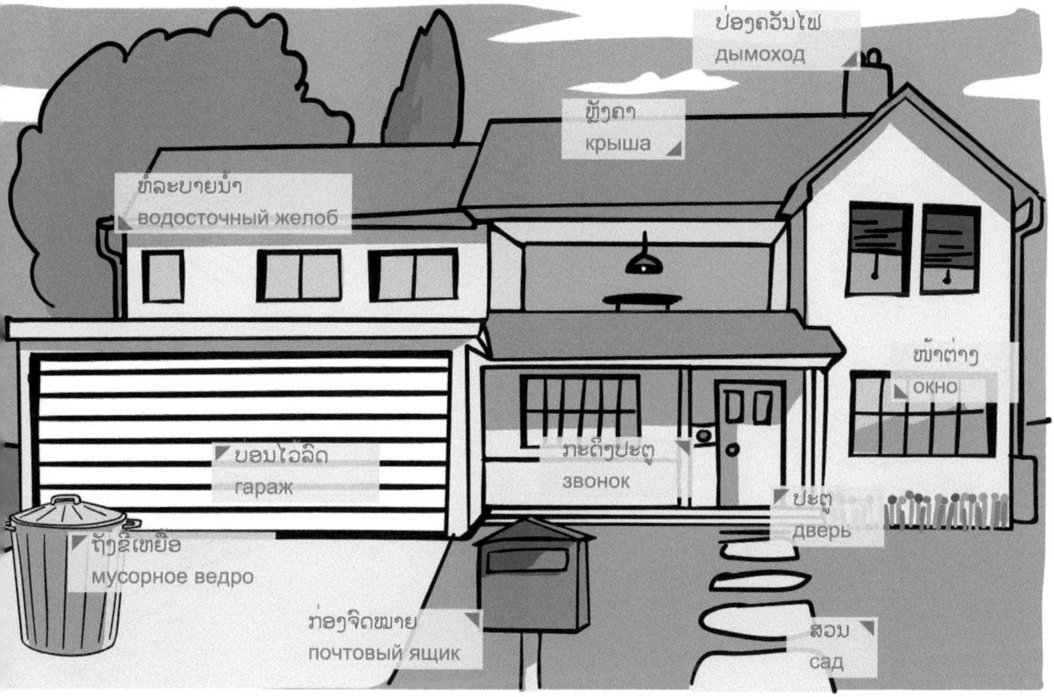

ປ່ອງຄັນໄຟ
дымоход

ຫຼັງຄາ
крыша

ທໍ່ລະບາຍນ້ຳ
водосточный желоб

ໜ້າຕ່າງ
окно

ບ່ອນໄວ້ລົດ
гараж

ກະດິງປະຕູ
звонок

ປະຕູ
дверь

ຖັງຂີ້ເຫຍື້ອ
мусорное ведро

ກ່ອງຈົດໝາຍ
почтовый ящик

ສວນ
сад

ຫ້ອງຮັບແຂກ
гостиная

ຫ້ອງນ້ຳ
ванная комната

ຫ້ອງຄົວ
кухня

ຫ້ອງນອນ
спальня

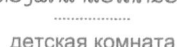

ຫ້ອງພັກສຳລັບເດັກນ້ອຍ
детская комната

ຫ້ອງອາຫານ
столовая

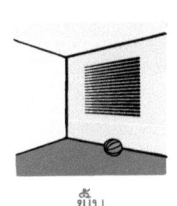

ພື້ນ

пол

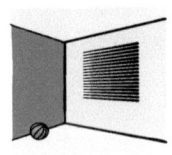

ຝາຜະໜັງ

стена

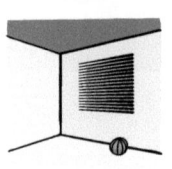

ເພດານ

потолок

ຫ້ອງເກັບເຄື່ອງໃຕ້ດິນ

подвал

ຫ້ອງອົບອາຍນ້ຳ

сауна

ລະບຽງ

балкон

ຊຸ້ນຕາມຂ້າງຝູ

терраса

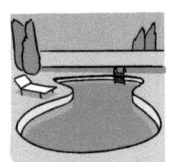

ສະລອຍນ້ຳ

бассейн

ເຄື່ອງຕັດຫຍ້າ

газонокосилка

ຜ້າປູບ່ອມນອນ

пододеяльник

ຜ້າປູຕຽງ

покрывало

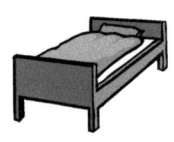

ຕຽງ

кровать

ຟອຍ

метла

ຖຸ

ведро

ສະວິດ

выключатель

ຫ້ອງຮັບແຂກ

гостиная

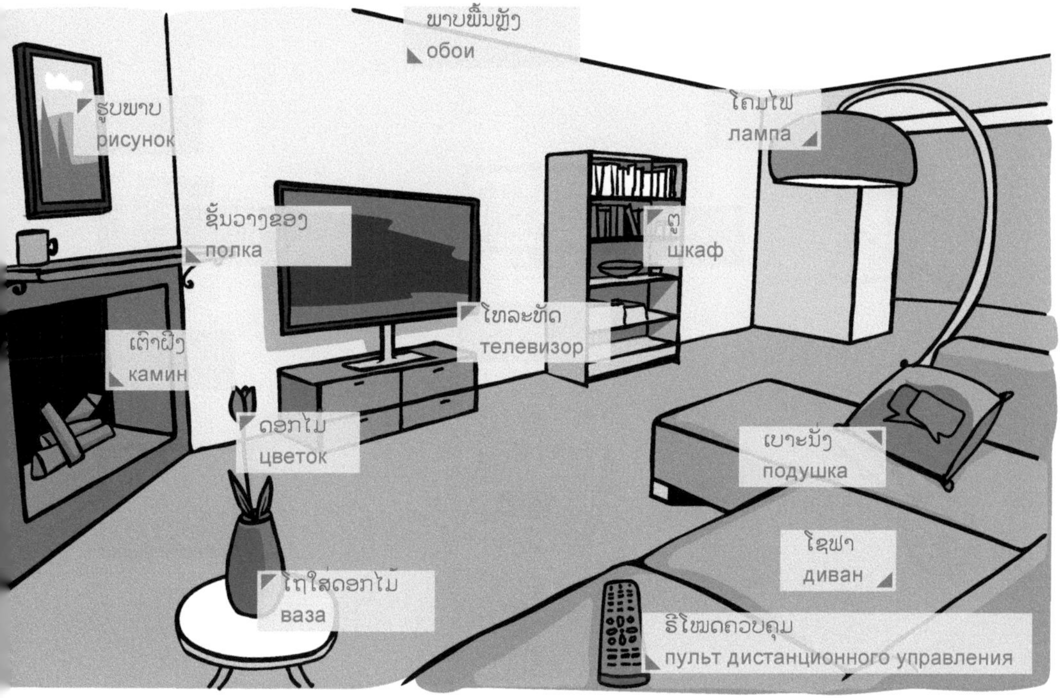

ພາບພື້ນຫຼັງ
обои
ຮູບພາບ
рисунок
ໂຄມໄຟ
лампа
ຊັ້ນວາງຂອງ
полка
ຕູ້
шкаф
ໂທລະທັດ
телевизор
ເຕົາຜິງ
камин
ດອກໄມ້
цветок
ເບາະນັ່ງ
подушка
ໂຊຟາ
диван
ໂຖໃສ່ດອກໄມ້
ваза
ຣີໂໝດຄວບຄຸມ
пульт дистанционного управления

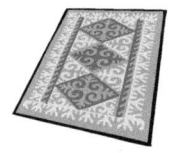

ພົມປູພື້ນ

ковёр

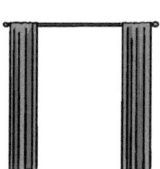

ຜ້າກັ້ງ

штора

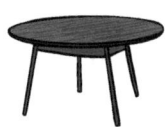

ໂຕະ

стол

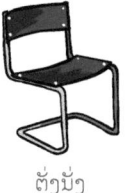

ຕັ່ງນັ່ງ

стул

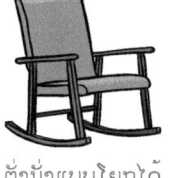

ຕັ່ງນັ່ງແບບໂຍກໄດ້

кресло-качалка

ຕັ່ງນັ່ງທີ່ມີບ່ອນວາງແຂນ

кресло

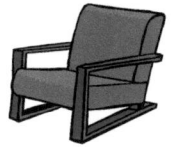

ໜັງສື

книга

ຜ້າຫົ່ມ

покрывало

ຂອງຕົກແຕ່ງ

украшение

ຟືນ

дрова

ຮູບເງົາ

фильм

ເຄື່ອງສຽງລະບົບໄຮໄຟ

стереосистема

ກະແຈ

ключ

ໜັງສືພິມ

газета

ການແຕ້ມຮູບ

картина

ໂປສເຕີ

плакат

ວິທະຍຸ

радио

ແຜ່ນບັນທຶກ

блокнот

ເຄື່ອງດູດຝຸ່ນ

пылесос

ຕົ້ນກະບອງເພັດ

кактус

ທຽນໄຂ

свеча

ຫ້ອງຄົວ
кухня

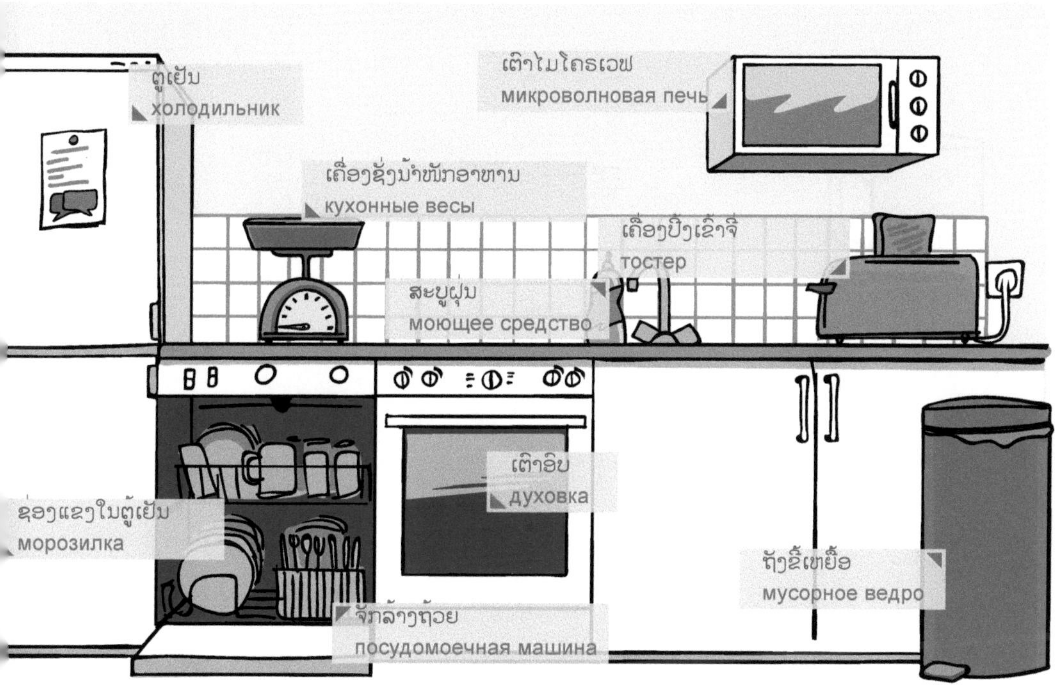
ຕູ້ເຢັນ
холодильник
ເຕົາໄມໂຄຣເວຟ
микроволновая печь
ເຄື່ອງຊັ່ງນ້ຳໜັກອາຫານ
кухонные весы
ເຄື່ອງປີ້ງເຂົ້າຈີ່
тостер
ສະບູຝຸ່ນ
моющее средство
ເຕົາອົບ
духовка
ຊອງແຂງໃນຕູ້ເຢັນ
морозилка
ຖັງຂີ້ເຫຍື້ອ
мусорное ведро
ຈັກລ້າງຖ້ວຍ
посудомоечная машина

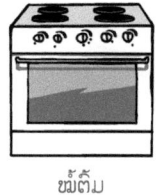

ໝໍ້ຕົ້ມ

плита

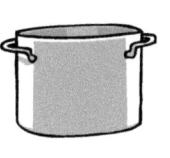

ໝໍ້

кастрюля

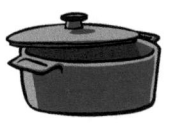

ໝໍ້ເຫຼັກຫຼໍ່

чугунный котелок

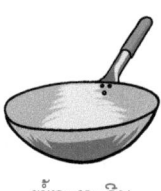

ໝໍ້ກະທະຈີນ

вок / кадай

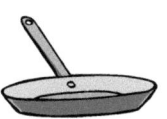

ໝໍກະທະກົ້ນແບນ

сковорода

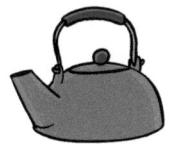

ກາຕົ້ມນ້ຳ

чайник

ໝໍ້ໄອໝ້າ

пароварка

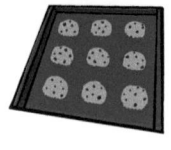

ຖາດອົບ

противень

ເຄື່ອງຖ້ວຍຊາມ

посуда

ຈອກທົມ

кружка

ຖ້ວຍ

миска

ໄມ້ຫູ່

палочки для еды

ຈອງດ້າມຍາວ

половник

ຕະຫຼິວ

лопатка

ເຄື່ອງຕີໄຂ່

сбивалка

ກະຊອນ

сито

ເຄື່ອງຮ່ອນ

сито

ເຜັກຂູດ

тёрка

ຄົກ

ступка

ບາບີຄິວ

гриль

ແຄມໄຟຖາງອນ

костёр

ຂຽງ
....
доска

ໄມ້ບວດແປ້ງ
....
скалка

ເຫັກໄຂຄອນແກ້ວ
....
штопор

ກະປ໋ອງ
....
жестяная банка

ເຄື່ອງເປີດກະປ໋ອງ
....
консервный нож

ຖົງມືຈັບຂອງຮ້ອນ
....
прихватка

ອ່າງລ້າງຈານ
....
раковина

ແປງ
....
щетка

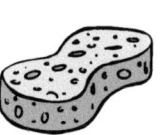

ຟອງນ້ຳ
....
губка

ເຄື່ອງປັ່ນ
....
миксер

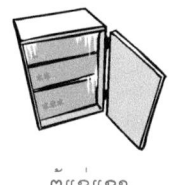

ຕູ້ແຊ່ແຂງ
....
морозильная камера

ຂວດນົມ
....
бутылочка для кормления

ກ໊ອກນ້ຳ
....
кран

ванная комната

ເຄື່ອງທຳຄວາມຮ້ອນ
отопление

ຜ້າບົວ
душ

ຜ້າເຊັດໂຕ
полотенце

ຜ້າກັ້ງຫ້ອງນ້ຳ
душевая занавеска

ສະບູທຳຟອງ
пенистая ванна

ອ່າງອາບນ້ຳ
ванна

จอกแกว
стакан

จักຊักຜ້า
стиральная машина

ກະເບື້ອງ
плитка

ກ໊ອกน້ำ
кран

ຖ້ວຍ່ຍວ
горшок

ອ່າງລ້າງຈານ
раковина

ຫ້ອງສ້ວມ

туалет

ໄຖສ້ວມແບບນັ່ງຍ່ອງ

напольный унитаз

ໄຖຍ່ຍວຂອງຜູ້ຍິງ

биде

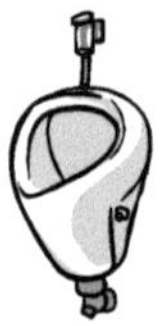

ໄຖຍ່ຍວຂອງຜູ້ຊາຍ

писсуар

ກະດາດຊຳລະທີ່ໃຊ້ໃນຫ້ອງນ້ຳ

туалетная бумага

ແປງຂັດຫ້ອງນ້ຳ

ершик

ແປງສີຟັນ
....
зубная щетка

ຍາສີຟັນ
....
зубная паста

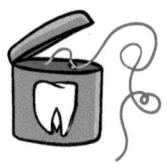

ໄຫມຂັດແຂ້ວ
....
зубная нить

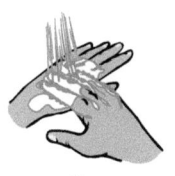

ລ້າງ
....
мыть

ຝັກບົວອາບນ້ຳທີ່ໃຊ້ມືຈັບ
....
ручной душ

ເຄື່ອງສີດລ້າງ
....
интимный душ

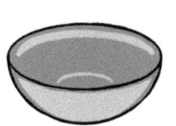

ອ່າງລ້າງໜ້າ
....
таз

ແປງຖູຫຼັງ
....
щетка для спины

ສະບູ
....
мыло

ເຈລອາບນ້ຳ
....
гель для душа

ແຊມພູ
....
шампунь

ຜ້າຖູໂຕນ້ອຍ
....
мочалка

ທີ່ລະບາຍນ້ຳເສຍ
....
сток

ຄີມ
....
крем

ຍາດັບກິ່ນ
....
дезодорант

ແວ່ນແຍງ

зеркало

ແວ່ນມືຖື

ручное зеркало

ມີດແຖໜວດ

бритва

ໂຟມແຖໜວດ

пена для бритья

ໂລຊັ່ນບຳລຸໜຶ່ງໜ້າແຖໜວດ

лосьон после бритья

ຫວີ

расческа

ແປງ

щетка

ຈັກເປົ່າຜົມ

фен

ສະເປຂຶດຜົມ

лак для волос

ຊຸດເຄື່ອງສຳອາງ

косметика

ລິບສະຕິກທາສົບ

губная помада

ນ້ຳຢາທາເລັບ

лак для ногтей

ສຳລີ

вата

ມີດຕັດເລັບ

маникюрные ножницы

ນ້ຳຫອມ

духи

ກະເປົາອາບນ້ຳ

косметичка

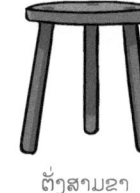

ຕັ່ງສາມຂາ

табуретка

ເຄື່ອງຊັ່ງນ້ຳໜັກ

весы

ເສື້ອຄຸມອາບນ້ຳ

халат

ຖົງມືຢາງ

резиновые перчатки

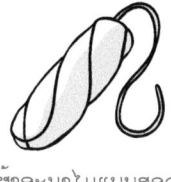

ຜ້າອະນາໄມແບບສອດ

тампон

ຜ້າອະນາໄມ

гиеническая прокладка

ຫ້ອງນ້ຳເຄມີ

биотуалет

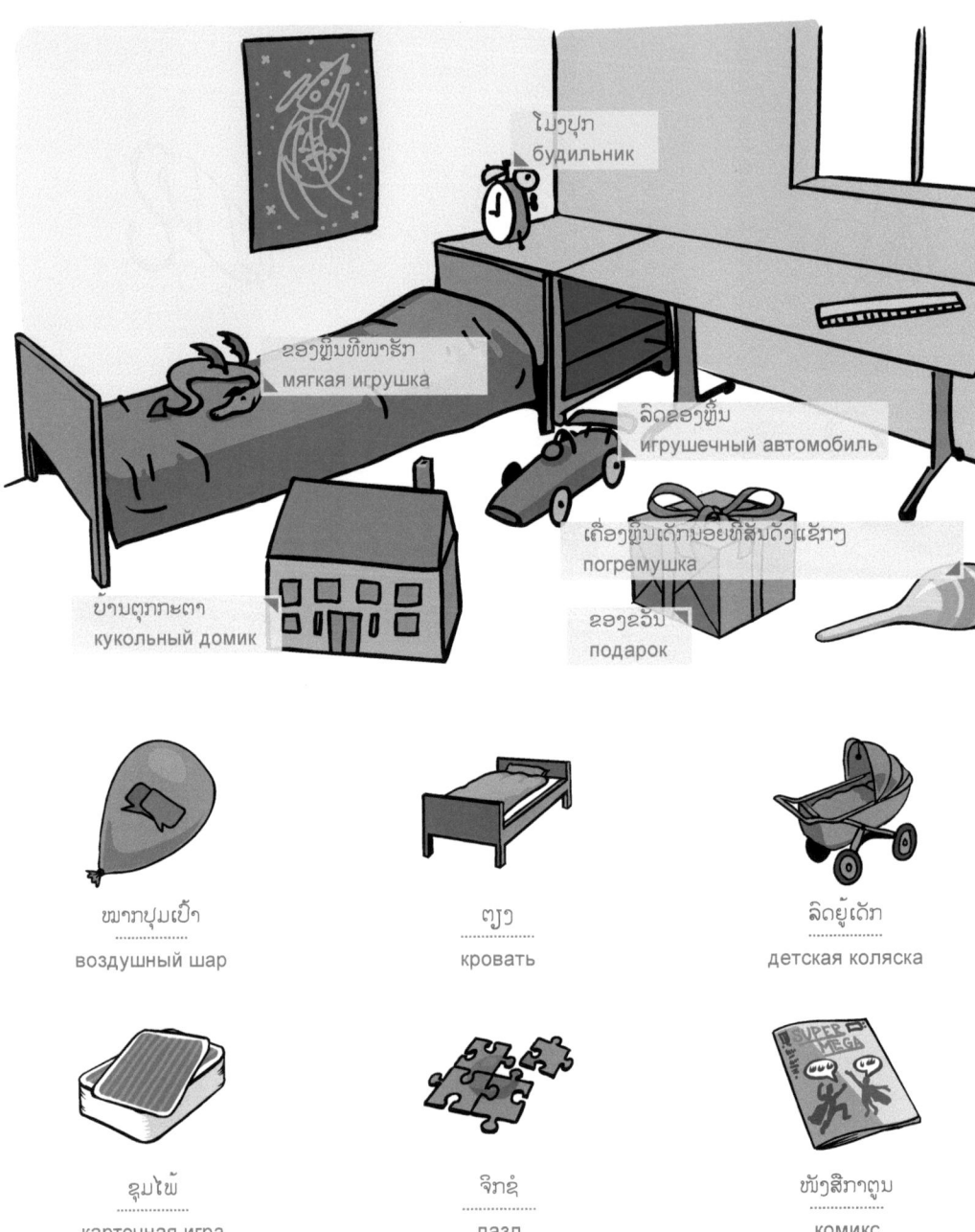

ໂມງປຸກ
будильник

ຂອງຫຼິ້ນທີ່ຫນ້າຮັກ
мягкая игрушка

ລົດຂອງຫຼິ້ນ
игрушечный автомобиль

ເຄື່ອງຫຼິ້ນເດັກນ້ອຍທີ່ສັ່ນດັ່ງແຊ້ກໆ
погремушка

ບ້ານຕຸກກະຕາ
кукольный домик

ຂອງຂວັນ
подарок

ໝາກປຸມເປົ້າ
воздушный шар

ຕຽງ
кровать

ລົດຍູ້ເດັກ
детская коляска

ຊຸມໄພ້
карточная игра

ຈິກຊໍ
пазл

ໜັງສືກາຕູນ
комикс

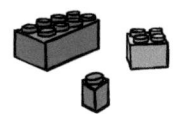

ຕິວຕໍ່ເລໂກ້
....
кирпичики Лего

ບລ໊ອກຂອງຫຼິ້ນ
....
кубики

ຮູບປັ້ນທີ່ເຄື່ອນໄຫວໄດ້
....
игрушечная фигурка

ເສື້ອຜ້າເດັກເກີດໃໝ່
....
ползунки

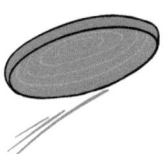

ຈານບິນ
....
фрисби

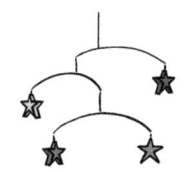

ສິ່ງທີ່ແກວ່ງໄປມາແຂວນຢູ່ເທິງຫົວ
ຕຽງເດັກນ້ອຍ
....
мобиле

ເກມກະດານ
....
настольная игра

ໝາກກະລ໊ອກ
....
кубик

ຊຸດລົດໄຟຈຳລອງ
....
модель железной дороги

ຮູບທຸມ
....
соска

ງານລ້ຽງ
....
вечеринка

ໜັງສືພາບ
....
книга с картинками

ໝາກບານ
....
мяч

ຕຸກກະຕາ
....
кукла

ຫຼິ້ນ
....
играть

ຂຸມດິນຊາຍສຳລັບເດັກນ້ອຍຫຼິ້ນ

песочница

ຊິງຊ້າ

качели

ຂອງຫຼິ້ນ

игрушка

ເຄື່ອງຫຼິ້ນວິດີໂອເກມ

игровая приставка

ລົດຖີບສາມລໍ້

трёхколесный велосипед

ຕຸກກະຕາຫມີ

плюшевый медвежонок

ຕູ້ເສື້ອຜ້າ

шкаф для одежды

ເສື້ອຜ້າ

одежда

ລອງເທົ້າ

носки

ຖົງເທົ້າຍາວຜູ້ຍິງ

чулки

ໂສ້ງຍືດແບບເນື້ອ

колготки

ຜ້າພັນຄໍ
шарф

ສາຍແອວ
ремень

ຄັນຮົ່ມ
зонтик

ເສື້ອຍືດຄໍມົນ
футболка

ເກີບກິລາ
кроссовки

ເກີບບູດຫຼ
сапоги

ເກີບແຕະ
тапки

ເກີບຮັດດາມ
....
сандалии

ເກີບ
....
ботинки

ເກີບບູດຫ໌ຢາງ
....
резиновые сапоги

ໂສ້ງຊ້ອນໃນ
....
трусы

ເສື້ອຊ້ອນໃນ
....
бюстгальтер

ເສື້ອກ້າມ
....
майка

ເສື້ອຮັດທຸ່ມ

боди

ໂສ້ງຂາຍາວ

брюки

ໂສ້ງຍືນ

джинсы

ກະໂປ່ງ

юбка

ເສື້ອຜູ້ຍິງ

блузка

ເສື້ອເຊິດ

рубашка

ເສື້ອກັນຫນາວ

свитер

ເສື້ອຄຸມມີໝວກ

свитер

ເສື້ອໃຫຍ່ທີ່ຕິດກາໂຮງງຶມຫຼືກາທິ
ມກິລາ

спортивная куртка

ເສື້ອແຈັກເກັດ

жакет

ເສື້ອນອກ

пальто

ເສື້ອກັນຝົນ

плащ

ເຄື່ອງແຕ່ງກາຍ

костюм

ກະໂປ່ງ

платье

ຊຸດແຕ່ງງານ

свадебное платье

ເສື້ອສູດ

мужской костюм

ຊຸດລາຕິ

ночная сорочка

ຊຸດນອນ

пижама

ຊຸດຊາຣິ

сари

ຜ້າຄຸມຫົວ

платок

ຜ້າພັນຫົວ

тюрбан

ເສື້ອບຸຣຸເກາະ

паранджа

ເສື້ອຄຸມຄາຟຕາບ

кафтан

ເສື້ອຄຸມອາບາຍາ

абайя

ຊຸດລອຍນ້ຳ

купальник

ໂສ້ງໃສ່ລອຍນ້ຳ

плавки

ໂສ້ງຂາສັ້ນ

шорты

ຊຸດວອມ

спортивный костюм

ຜ້າກັນເປື້ອນ

фартук

ຖົງມື

перчатки

ກະດຸມ

пуговица

ແວ່ນຕາ

очки

ປອກແຂນ

браслет

ສ້ອຍຄໍ

цепочка

ແຫວນ

кольцо

ຕຸ້ມຫູ

серьга

ໝວກແກັບ

шапка

ກ້າແຂນເສື້ອນອກ

вешалка

ໝວກ

шляпа

ກາລະຫວັດ

галстук

ຊິບ

застежка молния

ໝວກກັນກະທົບ

шлем

ສາຍໂຍງໂສ້ງ

подтяжки

ຊຸດນັກຮຽນ

школьная форма

ເຄື່ອງແບບ

форма

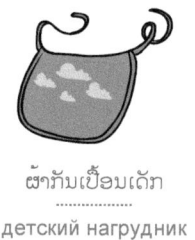

ຜ້າກັນເປື້ອນເດັກ

детский нагрудник

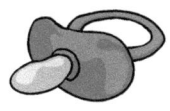

ຮູບທຸ່ນ

соска

ຜ້າອ້ອມ

подгузник

ຫ້ອງການ

офис

ເຊີບເວີ
сервер
ຕູ້ເອກະສານ
канцелярский шкаф
ເຈ້ຍ
бумага
ເຄື່ອງພິມ
принтер
ຈໍພາບ
монитор
ໂຕະເຮັດວຽກ
письменный стол
ເມົ້າ
мышь
ແຟ້ມເອກະສານ
папка
ແປ້ນພິມ
клавиатура
ກະຕາໃສ່ເສດເຈ້ຍ
корзина для бумаг
ຄອມພິວເຕີ
компьютер
ຕັ່ງນັ່ງ
стул

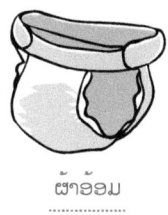

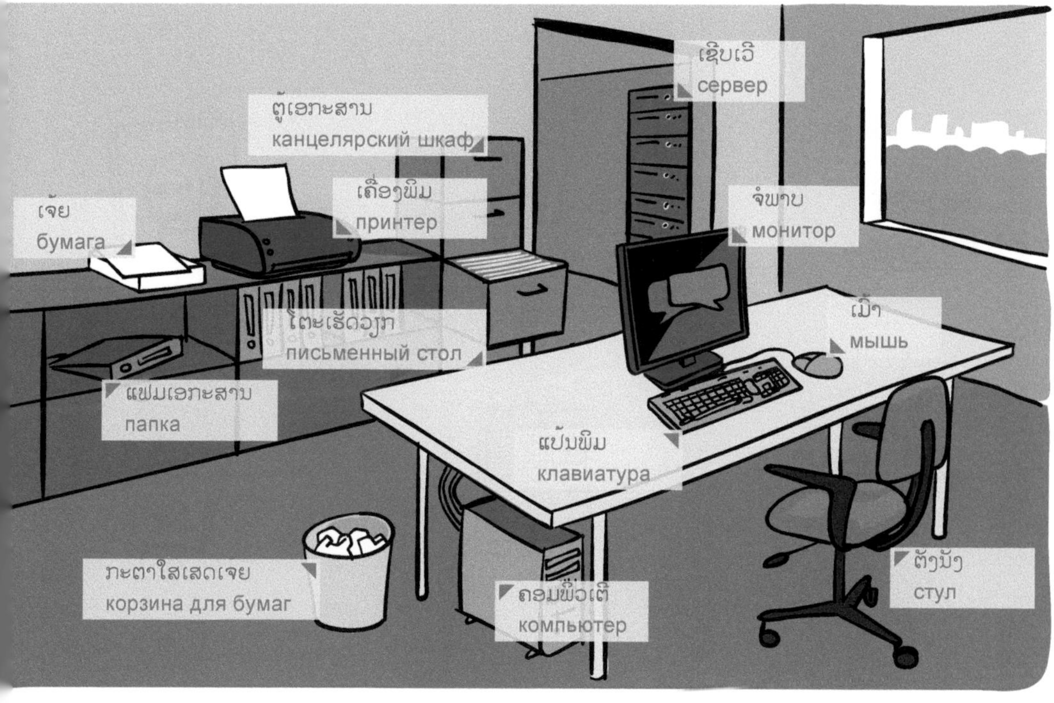

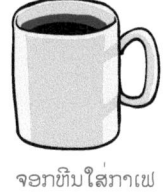

ຈອກທີ່ນໃສ່ກາເຟ

кофейная кружка

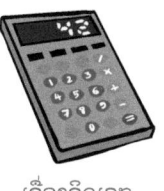

ເຄື່ອງຄິດເລກ

калькулятор

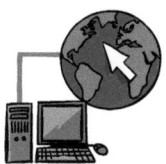

ອິນເຕີເນັດ

интернет

ຄອມພິວເຕີແລັບທ້ອບ

ноутбук

ຈົດໝາຍ

письмо

ຂໍ້ຄວາມ

сообщение

ໂທລະສັບມືຖື

мобильный телефон

ເຄືອຂ່າຍ

сеть

ເຄື່ອງຖ່າຍເອກະສານ

ксерокс

ຊອບແວ

программа

ໂທລະສັບ

телефон

ປັກໄຟ

розетка

ເຄື່ອງແຟັກ

факс

ແບບຟອມ

формуляр

ເອກະສານ

документ

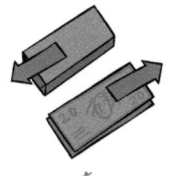

ຊື້

покупать

ຈ່າຍ

платить

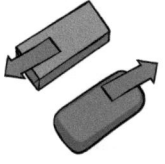

ຄ້າຂາຍ

торговать

ເງິນ

деньги

ເງິນດອລລາ

доллар

ເງິນຢູໂຣ

евро

ເງິນເຢມ

иена

ເງິນຣູເບີລ

рубль

ເງິນຝຣັງສະວິດ

франк

ເງິນຢວມເຮັນພິນບີ້

жэньминьби юань

ເງິນຣູປີ

рупия

ເຄື່ອງສຳລັບກົດເງິນສົດຈາກທະນາຄານ

банкомат

ບ່ອນແລກປ່ຽນເງິນຕາ

пункт обмена валюты

ທອງຄຳ

золото

ເງິນ

серебро

ນ້ຳມັນ

нефть

ພະລັງງານ

энергия

ລາຄາ

цена

ສັນຍາ

договор

ພາສີ

налог

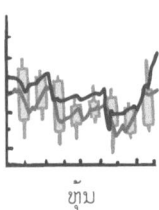

ຫຸ້ນ

акция

ເຮັດວຽກ

работать

ລູກຈ້າງ

служащий

ນາຍຈ້າງ

работодатель

ໂຮງງານ

фабрика

ຮ້ານຄ້າ

магазин

ອາຊີບ

профессии

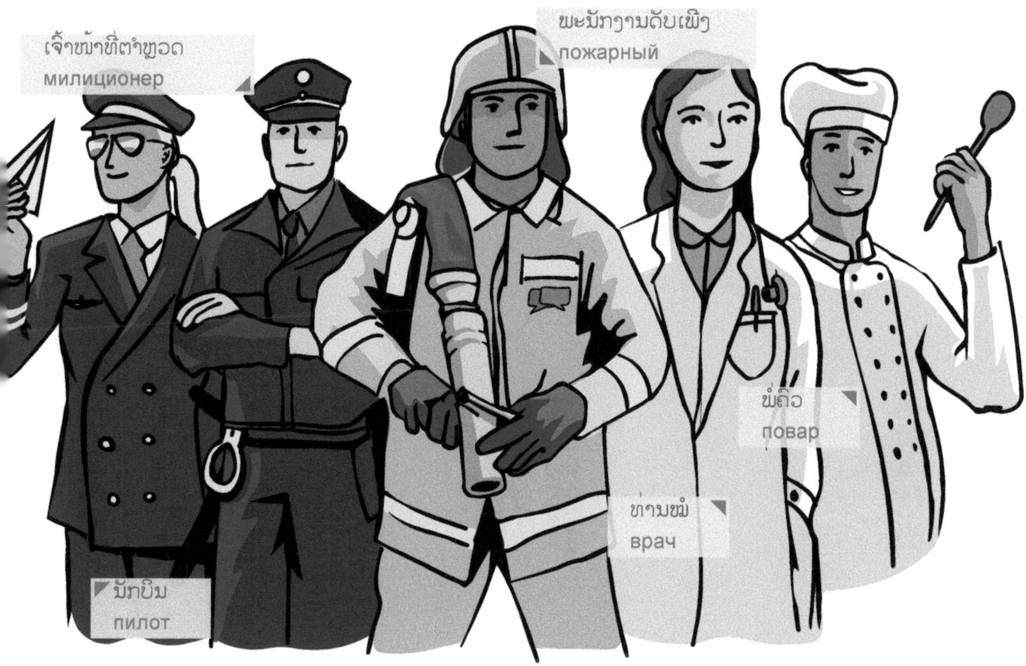

ເຈົ້າໜ້າທີ່ຕຳຫຼວດ
милиционер
ພະນັກງານດັບເພີງ
пожарный
ພໍ່ຄົວ
повар
ທ່ານໝໍ
врач
ນັກບິນ
пилот

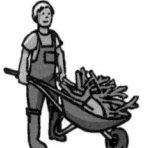

ຊາວສວນ

садовник

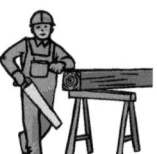

ຊ່າງໄມ້

столяр

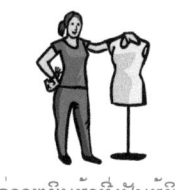

ຊ່າງຫຍິບຜ້າທີ່ເປັນຜູ້ຍິງ

швея

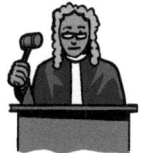

ຜູ້ພິພາກສາ

судья

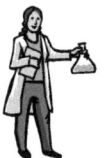

ນັກເຄມີ

химик

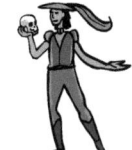

ນັກສະແດງຊາຍ

актёр

ຄົນຂັບລົດເມປະຈຳທາງ

водитель автобуса

ຄົນຂັບແທັກຊີ

таксист

ຊາວປະມົງ

рыбак

ແມ່ບ້ານທຳຄວາມສະອາດ

уборщица

ຊ່າງມຸງຫຼັງຄາ

кровельщик

ຄົນເສີບຂາຍ

официант

ນາຍພານ

охотник

ຊ່າງທາສີ

художник

ຄົນເຮັດເຂົ້າໜົມປັງ

пекарь

ຊ່າງໄຟຟ້າ

электрик

ຊ່າງກໍ່ສ້າງ

строитель

ວິສະວິກອນ

инженер

ຄົນຂາຍຊີ້ນ

мясник

ຊ່າງນ້ຳປະປາ

сантехник

ບູລຸດໄປສະນີ

почтальон

ທະຫານ

солдат

ສະຖາປະນິກ

архитектор

ພະນັກງານເກັບສິດ

кассир

ຄົນຂາຍດອກໄມ້

флорист

ຊ່າງແຕ່ງຜົມ

парикмахер

ພະນັກງານກວດປີ້ລົດ

кондуктор

ຊ່າງສ້ອມລົດຍົນ

механик

ຜູ້ບັງຄັບການ

капитан

ທັນຕະແພດ

зубной врач

ນັກວິທະຍາສາດ

ученый

ພະໃນສາສະຫນາຢິວ

раввин

ຜູ້ນຳຊາວມຸສລິມ

имам

ຄູບາ

монах

ນັກບວດ

священник

ເຄື່ອງມື

инструменты

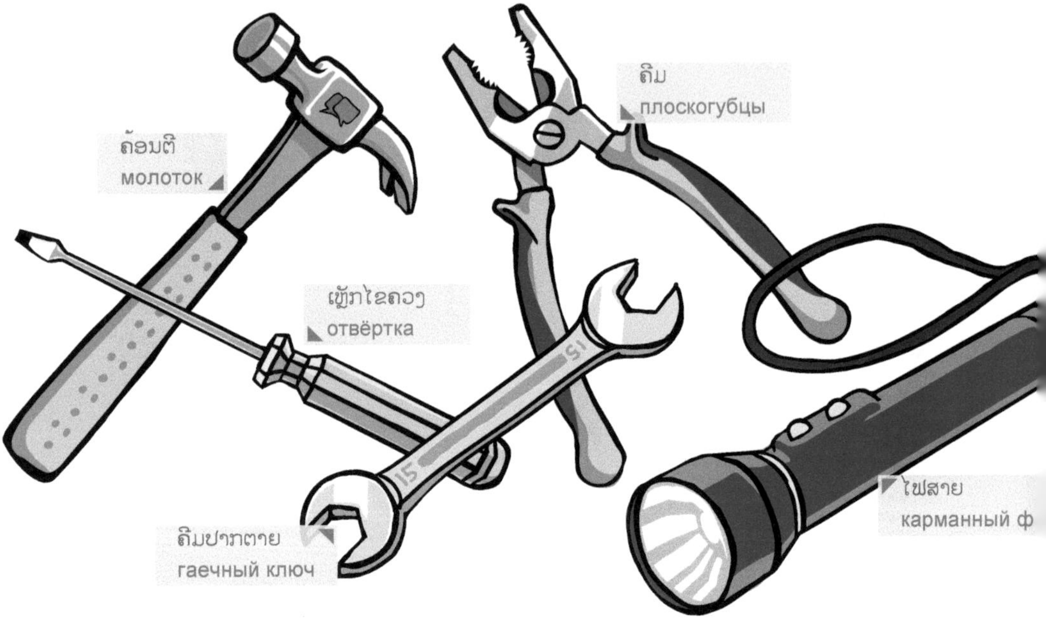
ຄ້ອນຕີ
молоток
ຄີມ
плоскогубцы
ເຫຼັກໄຂຄວງ
отвёртка
ຄີມປາກຕາຍ
гаечный ключ
ໄຟສາຍ
карманный ф

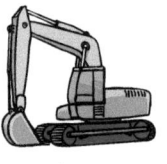

ເຄື່ອງຂູດ

экскаватор

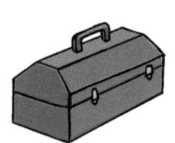

ກັບເຄື່ອງມື

ящик для инструментов

ຂັ້ນໄດ

стремянка

ເລື່ອຍ

пила

ຕະປູ

гвозди

ເຫຼັກຊີ

дрель

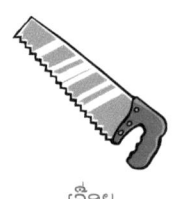

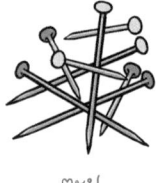

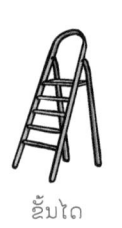

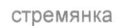

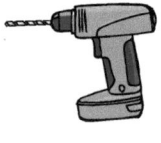

ສ້ອມແປງ
ремонтировать

ຊ້ວານ
лопата

ຕາຍທ່າ!
Блин!

ຂອງຊ້ວານຂີ້ເຫຍື້ອ
совок

ຖັງສີ
ведро с краской

ຕະປູກ្ວວ
винты

ເຄື່ອງດົນຕີ

музыкальные инструменты

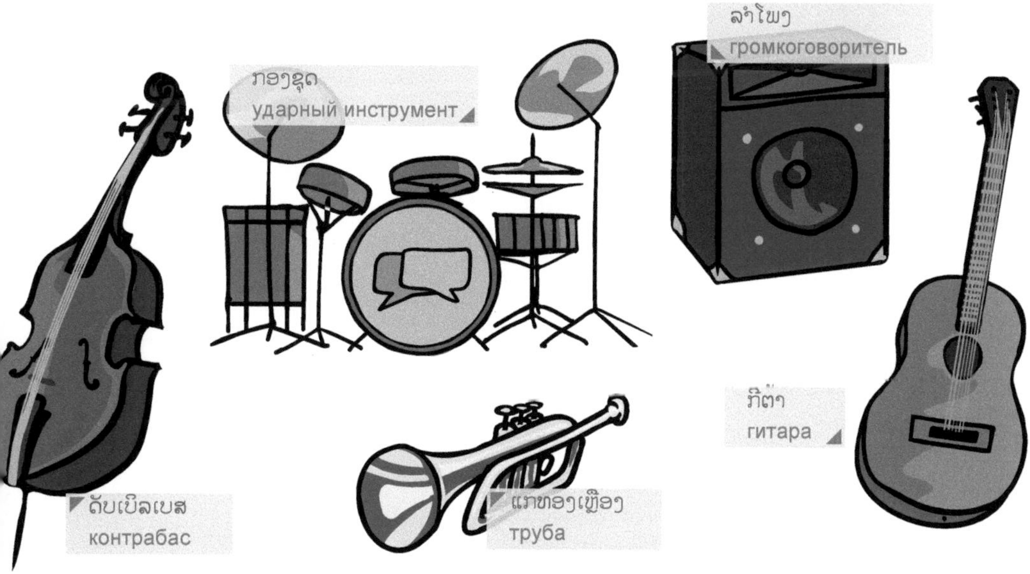

ກອງຊຸດ
ударный инструмент

ລຳໂພງ
громкоговоритель

ດັບເບິລເບສ
контрабас

ແກາທອງເຫຼືອງ
труба

ກີຕ້າ
гитара

ເປຍໂນ
....
пианино

ໄວໂອລິນ
....
скрипка

ເບສ
....
бас-гитара

ກອງທິມປານິ
....
литавры

ກອງຊຸດ
....
барабан

ຄີບອດ
....
синтезатор

ແຊັກໂຊໂຟນ
....
саксофон

ຂຸຍ
....
флейта

ໄມໂຄຣໂຟນ
....
микрофон

ເຄື່ອງດົນຕີ - музыкальные инструменты

ສວນສັດ

зоопарк

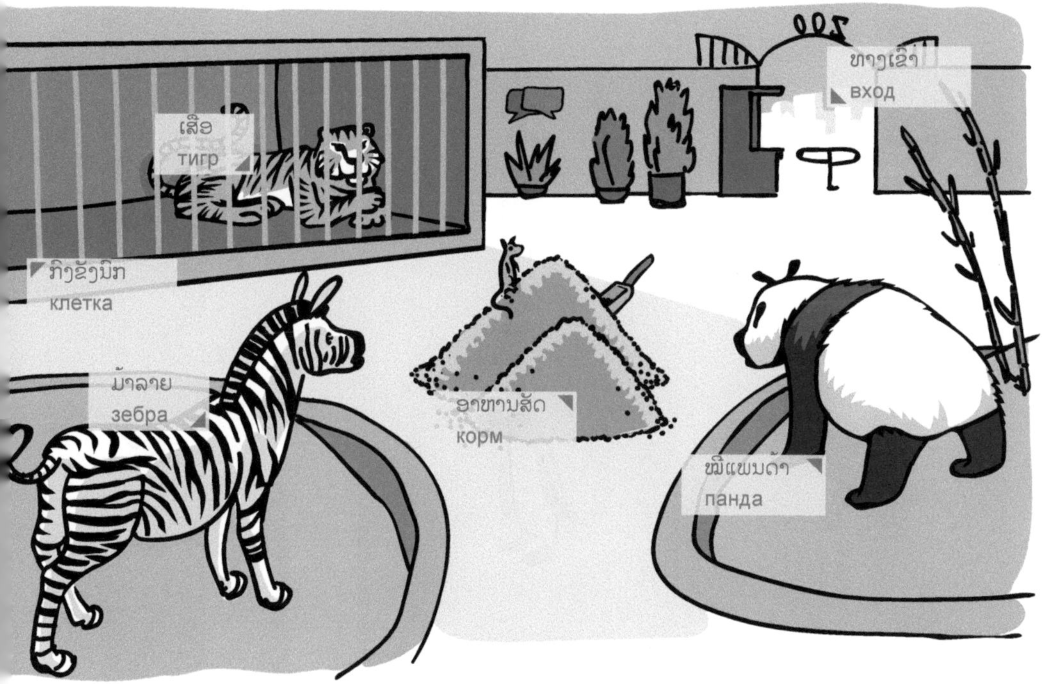

ທາງເຂົ້າ
вход
ເສືອ
тигр
ກົງຂັງນົກ
клетка
ມ້າລາຍ
зебра
ອາຫານສັດ
корм
ໝີແພນດ້າ
панда

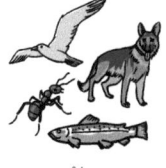

ສັດ
животные

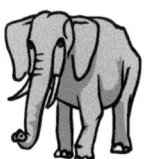

ຊ້າງ
слон

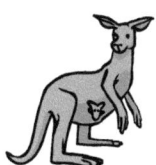

ກັງກາຣູ
кенгуру

ແຮດ
носорог

ລິງໂຫນໃຫຍ່
горилла

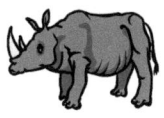

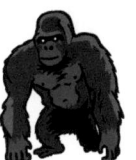

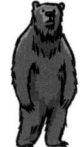

ໝີ
медведь

ອູດ
....
верблюд

ນົກກະຈອກເທດ
....
страус

ສິງໂຕ
....
лев

ລີງ
....
обезьяна

ນົກຟລາມິງໂກ
....
фламинго

ນົກແກ້ວ
....
попугай

ໝີຂົ້ວໂລກ
....
белый медведь

ນົກເພັນກວິນ
....
пингвин

ປາສະຫຼາມ
....
акула

ນົກຍູງ
....
павлин

ງູ
....
змея

ແຂ້
....
крокодил

ຜູ້ເບິ່ງແຍງສວນສັດ
....
служитель зоопарка

ແມວນ້ຳ
....
тюлень

ເສືອຈາກົວ
....
ягуар

ມ້າພັນນ້ອຍ

пони

ເສືອດາວ

леопард

ຮິບໂປ

бегемот

ໂຕຈິຣາຟ

жираф

ໜງວ

орёл

ໝູປ່າຕິວຜູ້

кабан

ປາ

рыба

ເຕົ່າ

черепаха

ຊ້າງນ້ຳ

морж

ໝາຈອກ

лиса

ກວາງນ້ອຍ

газель

ສວນສັດ - зоопарк

ອາເມລິກັນຟຸດບອນ
американский футбол

ຂີ່ລົດຖີບ
езда на велосипеде

ກິລາເທນນິສ
теннис

ບັສເກັດບອລ
баскетбол

ກິລາລອຍນ້ຳ
плавание

ຊົກມວຍ
бокс

ກິລາຕີຄີເດີ່ນນ້ຳແຂງ
хоккей

ກິລາເຕະບານ
....
футбол

ກິລາຕິດອກປີກໄກ່
....
бадминтон

ກິລາປະເພດ ແລ່ນ
ຕັ້ນແລະແກວ່ງ
....
лёгкая атлетика

ແຮມບອລ
....
гандбол

ກິລາສະກີ້
....
лыжный спорт

ກິລາໂປໂລນ້ຳ
....
поло

ໂດດ
прыгать

ກອດ
обнимать

ທິວ
смеяться

ຍາງ
идти

ຮອງເພງ
петь

ຝັນ
мечтать

ໄຫວພະ / ສວດມົນ
молиться

ຈູບ
целовать

ຂຽນ
писать

ແຕ້ມ
рисовать

ສະແດງ
показывать

ຍູ້
нажимать

ໃຫ້
давать

ເອົາໄປ
брать

ມີ
....
иметь

ເຮັດ
....
делать

ເປັນ
....
быть

ຢືນ
....
стоять

ແລ່ນ
....
бежать

ດຶງ
....
тянуть

ໂຍນ
....
бросать

ລົ້ມ
....
падать

ນອນຢຽດ
....
лежать

ລໍຖ້າ
....
ждать

ຫິ້ວ
....
носить

ນັ່ງ
....
сидеть

ແຕ່ງຕົວ
....
надевать

ນອນຫຼັບ
....
спать

ຕື່ນນອນ
....
просыпаться

ເບິ່ງ

рассматривать

ຮ້ອງໄຫ້

плакать

ລູບ

гладить

ຫວີຜົມ

причесывать

ລົມ

говорить

ເຂົ້າໃຈ

понимать

ຄຳຖາມ

спрашивать

ຟັງ

слушать

ດື່ມ

пить

ກິນ

кушать

ຈັດໃຫ້ເປັນລະບຽບ

наводить порядок

ຮັກ

любить

ຖ້ວກິນ

готовить

ຮັບລົດ

ехать

ບິນ

летать

ແລ່ນເຮືອ

ходить под парусом

ຄິດໄລ່

считать

ອ່ານ

читать

ຮຽນຮູ້

учиться

ເຮັດວຽກ

работать

ແຕ່ງງານ

вступать в брак

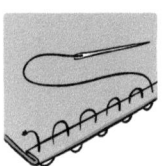

ຫຍິບ

шить

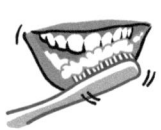

ແປງຟັນ

чистить зубы

ຂ້າ

убивать

ສູບຢາ

курить

ສົ່ງ

отправлять

ຄອບຄົວ

семья

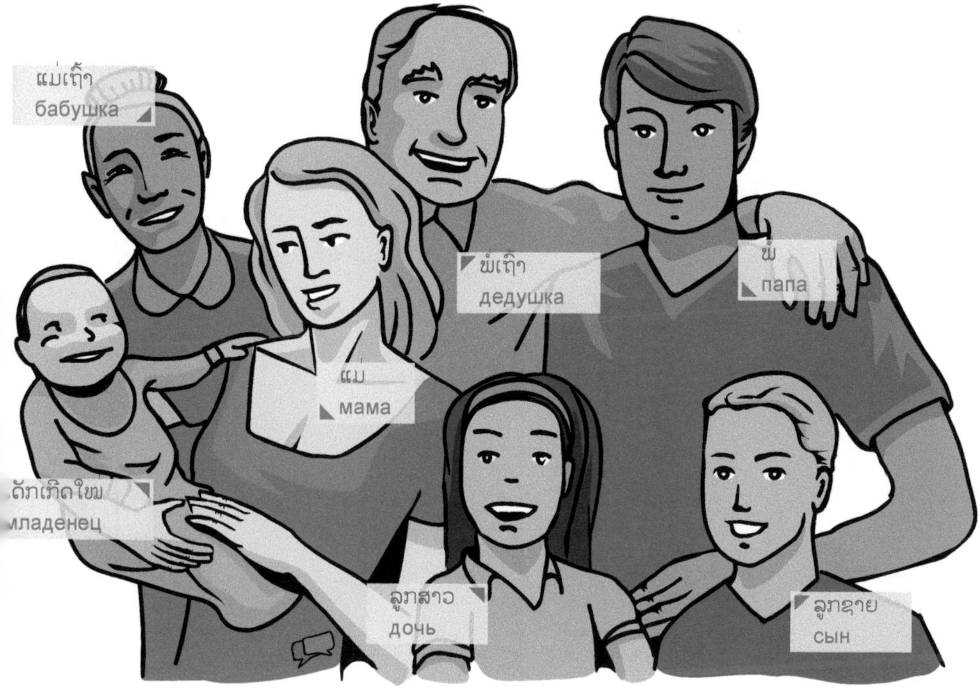
ແມ່ເຖົ້າ
бабушка
ພໍ່ເຖົ້າ
дедушка
ພໍ່
папа
ແມ່
мама
ດັກເກີດໃໝ່
ладенец
ລູກສາວ
дочь
ລູກຊາຍ
сын

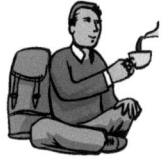

ແຂກ

гость

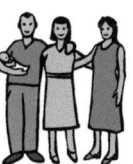

ປ້າ

тетя

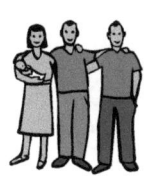

ລຸງ

дядя

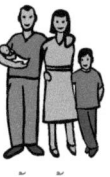

ອ້າຍນ້ອງ

брат

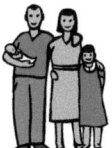

ເອື້ອຍນ້ອງ

сестра

ຮາງກາຍ

тело

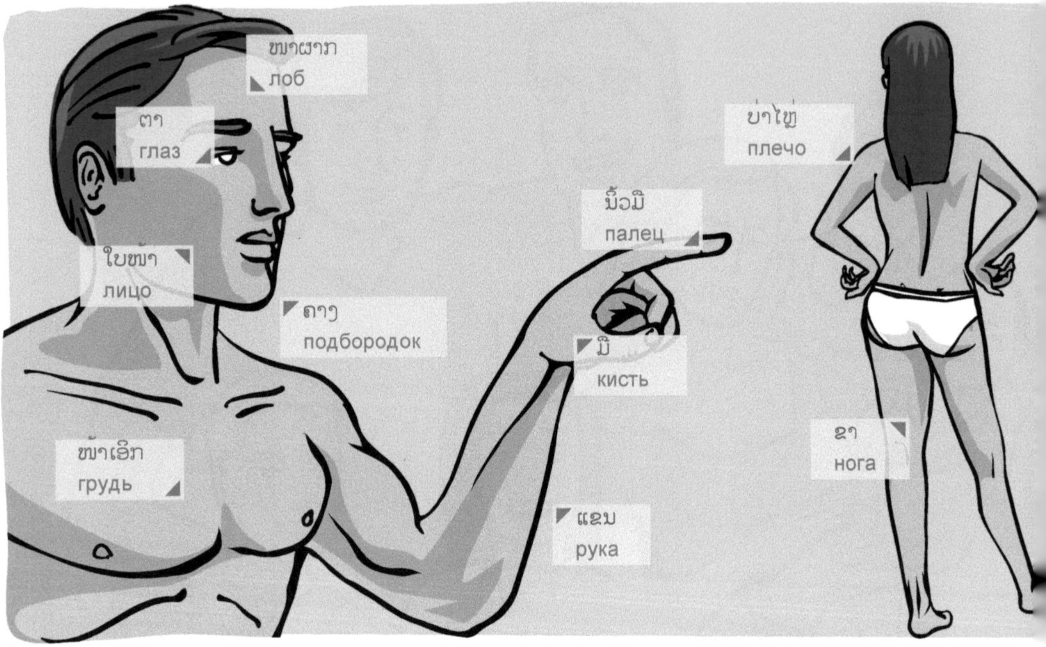

ໜາຜາກ
лоб
ຕາ
глаз
ໃບໜ້າ
лицо
ຄາງ
подбородок
ໜ້າເອິກ
грудь
ນິ້ວມື
палец
ມື
кисть
ແຂນ
рука
ບ່າໄຫຼ່
плечо
ຂາ
нога

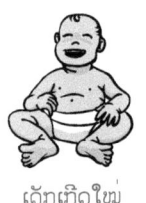

ເດັກເກີດໃໝ່

млaденец

ຜູ້ຊາຍ

мужчина

ຜູ້ຍິງ

женщина

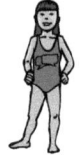

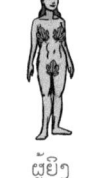

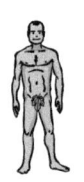

ເດັກຍິງ

девочка

ເດັກຊາຍ

мальчик

ຫົວ

голова

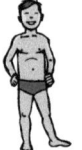

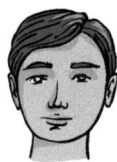

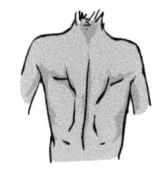

ຂ້າງ
....
спина

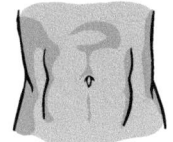

ທ້ອງ
....
живот

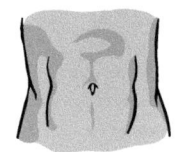

ສະບື
....
пупок

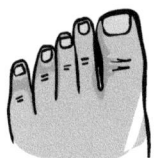

ນິ້ວຕີນ
....
палец ноги

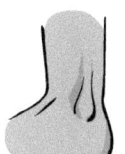

ສົ້ນຕີນ
....
пятка

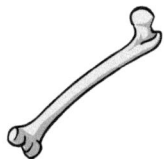

ກະດູກ
....
кость

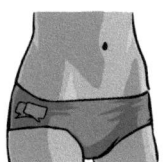

ກະໂພກ
....
бедро

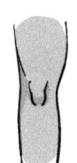

ຫົວເຂົ່າ
....
колено

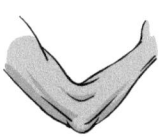

ແຂນສອກ
....
локоть

ດັງ
....
нос

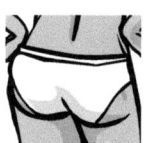

ກົ້ນ
....
ягодицы

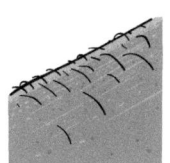

ຜິວໜັງ
....
кожа

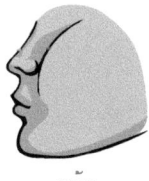

ແກ້ມ
....
щека

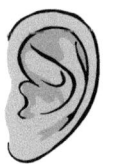

ຫູ
....
ухо

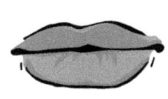

ຮິມສົບ
....
губа

ປາກ

рот

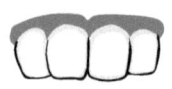

ແຂ້ວ

зуб

ລີ້ນ

язык

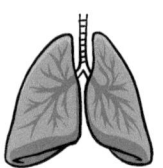

ສະໝອງ

мозг

ຫົວໃຈ

сердце

ກ້າມເນື້ອ

мышца

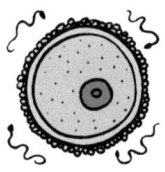

ປອດ

лёгкое

ຕັບ

печень

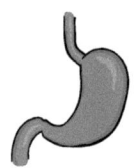

ກະເພາະ

желудок

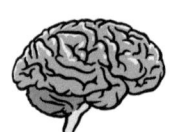

ໄຕ

почки

ເພດສຳພັນ

половой акт

ຖົງຢາງອະນາໄມ

презерватив

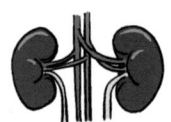

ເຊລສືບພັນ

яйцеклетка

ນ້ຳອະສຸຈິ

сперма

ການຖືພາ

беременность

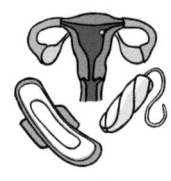

ປະຈຳເດືອນ
....
менструация

ຊ່ອງຄອດ
....
вагина

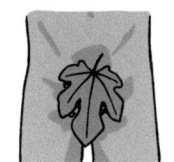

ອະໄວຍະວະເພດຊາຍ
....
пенис

ຄິ້ວ
....
бровь

ເສັ້ນຜົມ
....
волосы

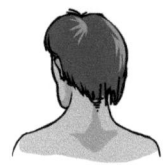

ຄໍ
....
шея

ໂຮງໝໍ

больница

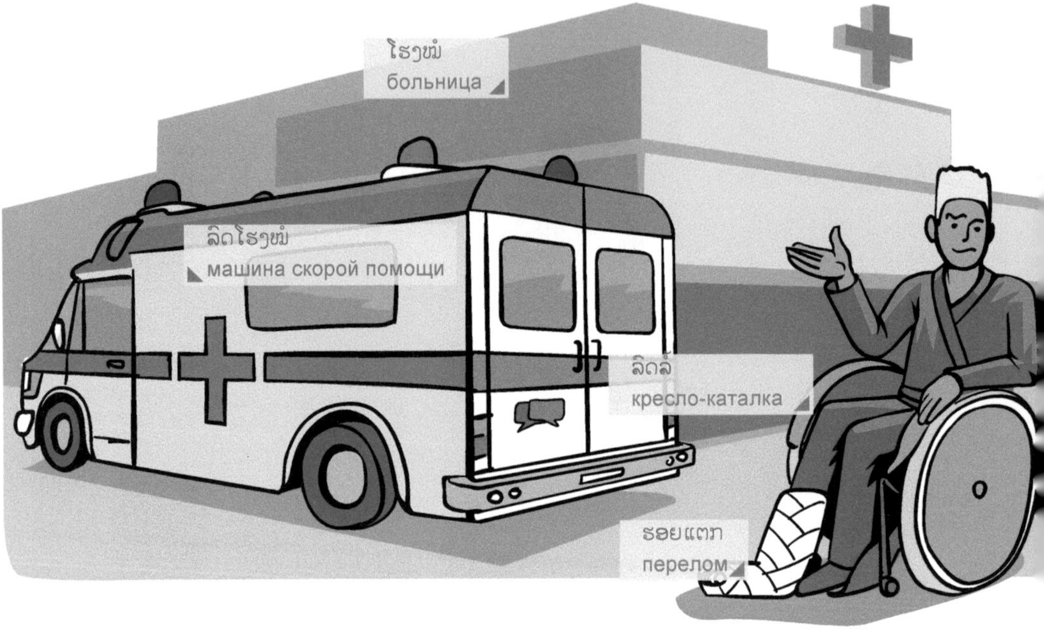

ໂຮງໝໍ
больница
ລົດໂຮງໝໍ
машина скорой помощи
ລົດລໍ້
кресло-каталка
ຮອຍແຕກ
перелом

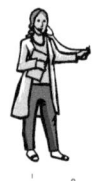

ທ່ານໝໍ

врач

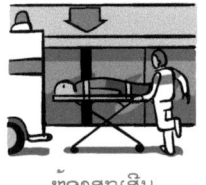

ຫ້ອງສຸກເສີນ

пункт первой помощи

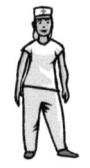

ພະຍາບານ

медсестра

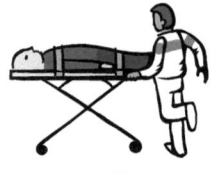

ສຸກເສີນ

неотложный случай

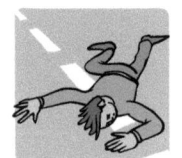

ໝົດສະຕິ

без сознания

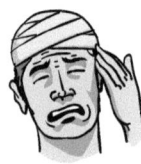

ອາການເຈັບປວດ

боль

ການບາດເຈັບ

повреждение

ເລືອດໄຫຼ

кровотечение

ຫົວໃຈວາຍ

инфаркт

ເສັ້ນຍອດເລືອດໃນສະໝອງ

инсульт

ອາການແພ້

аллергия

ໄອ

кашель

ໄຂ້

ышенная температура

ໄຂ້ຫວັດ

грипп

ຖອກທ້ອງ

понос

ເຈັບຫົວ

головная боль

ໂຣກມະເລັງ

рак

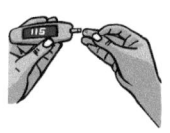

ພະຍາດເບົາຫວານ

диабет

ໝໍຜ່າຕັດ

хирург

ມີດຜ່າຕັດ

скальпель

ການຜ່າຕັດ

операция

ເຄື່ອງເອັກຊະເຣຄອມພິວເຕີ

КТ

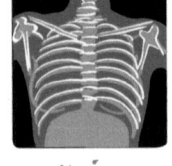

ເອັກຊ໌-ເຣ

рентген

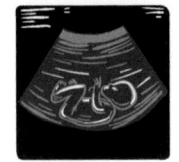

ອູລຕຣາຊາວ (ultrasound)

ультразвук

ໜ້າກາກອະນາໄມ

маска

ພະຍາດ

болезнь

ຫ້ອງລໍຖ້າ

приёмная

ໄມ້ຄໍ້າຂີ້ແຮ້

костыль

ຜ້າຍາງຕິດບາດ

пластырь

ຜ້າພັນແຜ

бинт

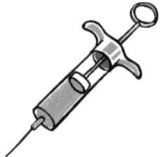

ສັກຢາ

укол

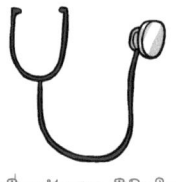

ເຄື່ອງຟັງປອດຫົວໃຈ

стетоскоп

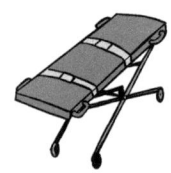

ເປຫາມຄົນເຈັບ

носилки

ບາຫຼອດວັດໄຂ້

термометр

ການເກີດ

рождение

ນ້ຳໜັກເກີນ

избыточный вес

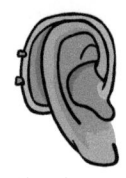

ເຄື່ອງຊ່ວຍຟັງ

слуховой аппарат

ນ້ຳຢາຂ້າເຊື້ອ

дезинфекционное
средство

ການຕິດເຊື້ອ

инфекция

ເຊື້ອໄວຣັສ

вирус

HIV / ເອດສ໌

ВИЧ / СПИД

ຢາ

лекарство

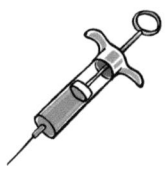

ການສັກວັກຊິນ

прививка

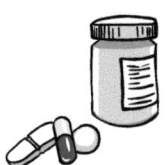

ຢາເມັດ

таблетки

ຢາເມັດ

противозачаточная
таблетка

ໂທອອກສຸກເສີນ

экстренный вызов

ເຄື່ອງວັດຄວາມດັນເລືອດ

прибор для измерения
кровяного давления

ໄຂ້ / ສຸຂະພາບດີ

больной / здоровый

ຊ່ວຍດ້ວຍ!

Помогите!

ສັນຍານເຕືອນໄພ

сигнал тревоги

ການທຳຮ້າຍຮ່າງກາຍ

нападение

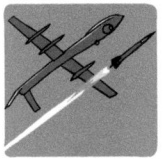

ການໂຈມຕີ

атака

ອັນຕະລາຍ

опасность

ທາງອອກສຸກເສີນ

запасной выход

ໄຟໄໝ້!

Пожар!

ບັ້ງດັບເພິງ

огнетушитель

ອຸປະຕິເຫດ

несчастный случай

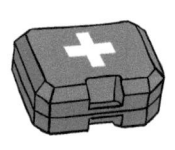

ຊຸດປະຖົມພະຍາບານຂັ້ນຕົ້ນ

аптечка

ສັນຍານຄຳຄວາມຊ່ວຍເຫຼືອ

SOS

ຕຳຫຼວດ

милиция

ເອິຣົບ

Европа

ອາເມລິກາເໜືອ

Северная Америка

ອາເມລິກາໃຕ້

Южная Америка

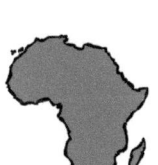

ອາຟຣິກາ

Африка

ເອເຊຍ

Азия

ອອສເຕຣເລຍ

Австралия

ແອດແລນຕິກ

Атлантический океан

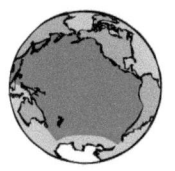

ປາຊີຟິກ

Тихий океан

ມະຫາສະໝຸດອິນເດຍ

Индийский океан

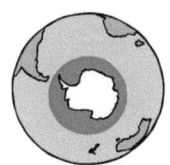

ະຫາສະໝຸດແອນຕາຣຕິກ

нтарктический океан

ມະຫາສະໝຸດອາກຕິກ

Северный Ледовитый
океан

ຂົ້ວໂລກເໜືອ

Северный полюс

ຂົ້ວໂລກໃຕ້

Южный полюс

ແອນຕາຣຕິກາ

Антарктика

ໂລກ

земля

ດິນ

суша

ທະເລ

море

ເກາະ

остров

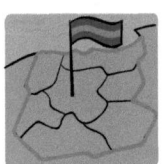

ຊາດ / ປະເທດຊາດ

нация

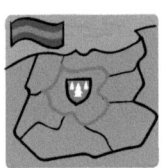

ລັດ

государство

ໜ້າປັດໂມງ

циферблат

ເຂັມໂມງ

часовая стрелка

ເຂັມນາທີ

минутная стрелка

ເຂັມວິນາທີ

секундная стрелка

ຈັກໂມງແລ້ວ?

Который час?

ວັນ

день

ເວລາ

время

ຕອນນີ້

сейчас

ໂມງດິຈິຕອລ

электронные часы

ນາທີ

минута

ຊົ່ວໂມງ

час

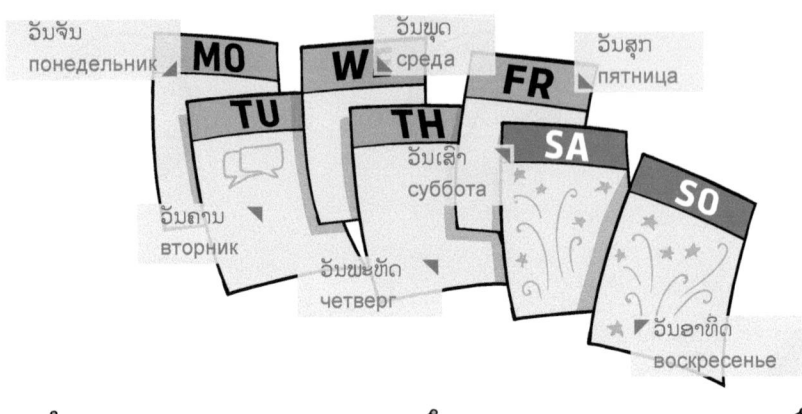

ອັນຈັນ
понедельник

ອັນພຸດ
среда

ອັນສຸກ
пятница

ອັນຄາມ
вторник

ອັນເສົາ
суббота

ອັນພະຫັດ
четверг

ອັນອາທິດ
воскресенье

ມື້ວານນີ້
вчера

ມື້ນີ້
сегодня

ມື້ອື່ນ
завтра

ຕອນເຊົ້າ
утро

ຕອນທ່ຽງ
полдень

ຕອນແລງ
вечер

ອັນເຮັດວຽກ
рабочие дни

ທ້າຍສັບປະດາ
выходные

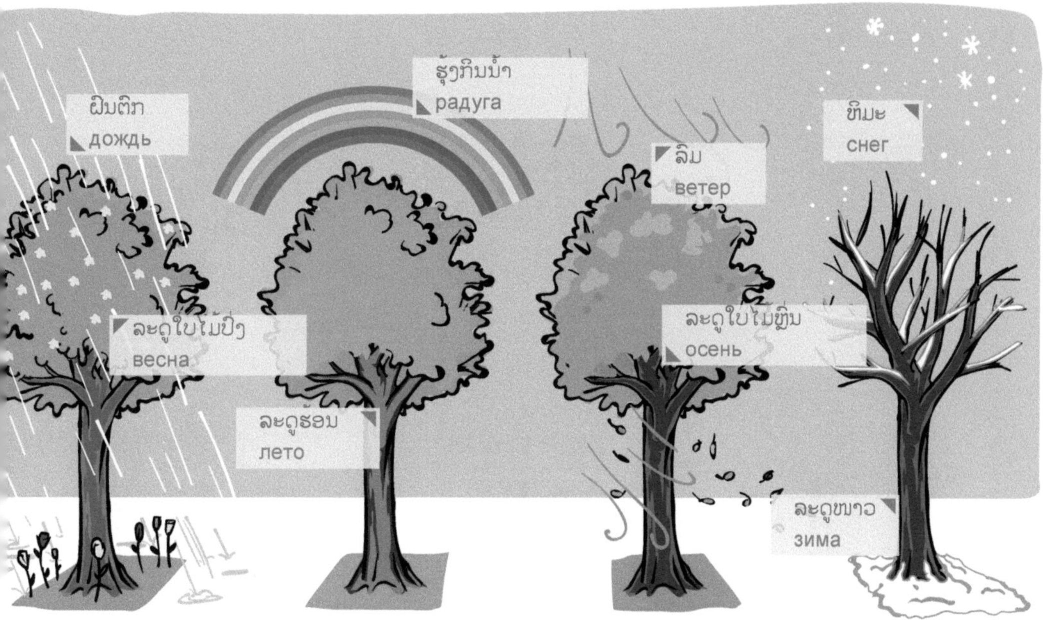

ГОД

ฝົນຕົກ
дождь

ຮຸ້ງກິນນ້ຳ
радуга

ລົມ
ветер

ຫິມະ
снег

ລະດູໃບໄມ້ປົ່ງ
весна

ລະດູຮ້ອນ
лето

ລະດູໃບໄມ້ຫຼົ່ນ
осень

ລະດູໜາວ
зима

ການພະຍາກອນອາກາດ

прогноз погоды

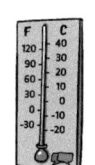

ເຄື່ອງວັດອຸນຫະພູມ

термометр

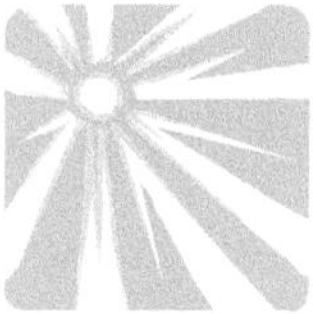

ແສງແດດ

солнечный свет

ຂີ້ເຝື້ອ

туча

ໝອກ

туман

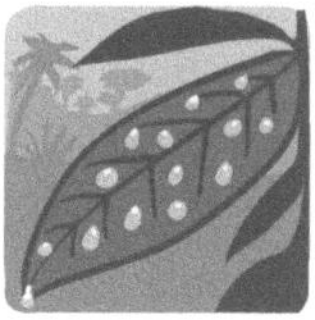

ຄວາມຊຸ່ມ

влажность воздуха

ສາຍຟ້າແມບ

молния

ຟ້າຮ້ອງ

гром

ພະຍຸ

буря

ໝາກເຫັບ

град

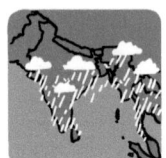

ລົມມໍລະສຸມ

муссон

ນ້ຳຖ້ວມ

наводнение

ນ້ຳກ້ອນ

лёд

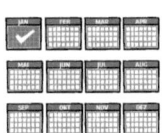

ມັງກອນ

январь

ກຸມພາ

февраль

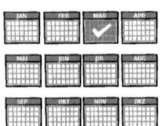

ມີນາ

март

ເມສາ

апрель

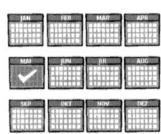

ພຶດສະພາ

май

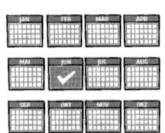

ມິຖຸນາ

июнь

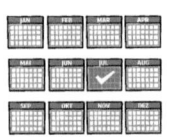

ກໍລະກົດ

июль

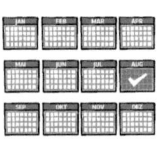

ສິງຫາ

август

ກັນຍາ
....
сентябрь

ຕຸລາ
....
октябрь

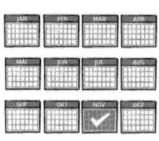

ພະຈິກ
....
ноябрь

ທັນວາ
....
декабрь

ຮູບຮ່າງ

формы

ວົງມົນ
....
круг

ສີ່ຫຼ່ຽມ
....
квадрат

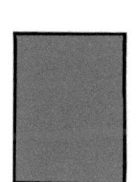

ຮູບສີ່ຫຼ່ຽມມຸມສາກ
....
прямоугольник

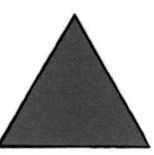

ສາມຫຼ່ຽມ
....
треугольник

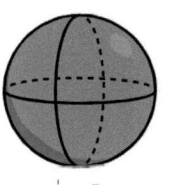

ໜ່ວຍກົມ
....
шар

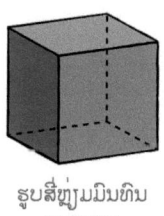

ຮູບສີ່ຫຼ່ຽມມິນທິນ
....
куб

цвета

ສີຂາວ

белый

ສີເຫຼືອງ

желтый

ສີສົ້ມ

оранжевый

ສີບົວ

розовый

ສີແດງ

красный

ສີມ່ວງ

лиловый

ສີຟ້າ

синий

ສີຂຽວ

зелёный

ສີນ້ຳຕານ

коричневый

ສີເທົາ

серый

ສີດຳ

черный

противоположности

ຫຼາຍ / ນ້ອຍ

много / мало

ໃຈຮ້າຍ / ໃຈເຢັນ

яростный / мирный

ງາມ / ຂີ້ຮ້າຍ

красивый / уродливый

ການເລີ່ມຕົ້ນ / ການສິ້ນສຸດ

начало / конец

ໃຫຍ່ / ນ້ອຍ

большой / маленький

ແຈ້ງ / ມືດ

светлый / темный

ນ້ອງຊາຍຫຼືອ້າຍ /
ນ້ອງສາວຫຼືເອື້ອຍ

брат / сестра

ສະອາດ / ເປື້ອນ

чистый / грязный

ສຳເລັດ / ບໍ່ສຳເລັດ

полный / неполный

ກາງວັນ / ກາງຄືນ

день / ночь

ຕາຍ / ມີຊີວິດ

мёртвый / живой

ກວ້າງ / ແຄບ

широкий / узкий

ກິນໄດ້ / ກິນບໍ່ໄດ້

съедобный / несъедобный

ຊົ່ວຮ້າຍ / ໃຈດີ

злой / дружелюбный

ຫ້າຕື່ນເຕັ້ນ / ຫ້າເບື່ອ

взволнованный /
скучающий

ອ້ວນ / ຈ່ອຍ

толстый / худой

ທຳອິດ / ສຸດທ້າຍ

сначала / в конце

ເພື່ອນ / ສັດຕູ

друг / враг

ເຕັມ / ວ່າງເປົ່າ

полный / пустой

ແຂງ / ນຸ້ມ

твёрдый / мягкий

ໜັກ / ເບົາ

тяжёлый / легкий

ຄວາມຫິວ / ຄວາມຫິວນ້ຳ

голод / жажда

ໄຂ້ / ສຸຂະພາບດີ

больной / здоровый

ຜິດກົດໝາຍ / ຖືກກົດໝາຍ

незаконный / законный

ສະຫຼາດ / ໂງ່

умный / глупый

ຊ້າຍ / ຂວາ

слева / справа

ໃກ້ / ໄກ

близко / далеко

ໃໝ່ / ໃຊ້ແລ້ວ

новый / подержанный

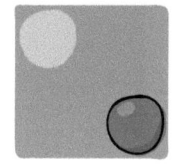

ບໍ່ມີຫຍັງ / ບາງສິ່ງບາງຢ່າງ

ничто / нечто

ແກ່ / ໜຸ່ມ

старый / молодой

ເປີດ / ປິດ

включено / выключено

ເປີດ / ປິດ

открыто / закрыто

ງຽບ / ດັງ

тихо / громко

ຮັ່ງມີ / ຍາກຈົນ

богатый / бедный

ຖືກ / ຜິດ

правильный /
неправильный

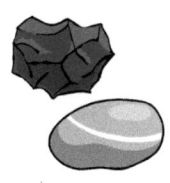

ບໍ່ລຽບ / ລຽບ

шероховатый / гладкий

ໂສກເສົ້າ / ດີໃຈ

чальный / счастливый

ສັ້ນ / ຍາວ

короткий / длинный

ຊ້າ / ໄວ

медленный / быстрый

ປຽກ / ແຫ້ງ

мокрый / сухой

ອິບອຸ່ນ / ໜາວເຢັນ

тёплый / прохладный

ສົງຄາມ / ສັນຕິພາບ

война / мир

0	**1**	**2**
ສູນ	ໜຶ່ງ	ສອງ
ноль	один	два
3	**4**	**5**
ສາມ	ສີ່	ຫ້າ
три	четыре	пять
6	**7**	**8**
ຫົກ	ເຈັດ	ແປດ
шесть	семь	восемь
9	**10**	**11**
ເກົ້າ	ສິບ	ສິບເອັດ
девять	десять	одиннадцать

12
ສິບສອງ
двенадцать

13
ສິບສາມ
тринадцать

14
ສິບສີ່
четырнадцать

15
ສິບຫ້າ
пятнадцать

16
ສິບຫົກ
шестнадцать

17
ສິບເຈັດ
семнадцать

18
ສິບແປດ
восемнадцать

19
ສິບເກົ້າ
девятнадцать

20
ຊາວ
двадцать

100
ໜຶ່ງຮ້ອຍ
сто

1.000
ໜຶ່ງພັນ
тысяча

1.000.000
ໜຶ່ງລ້ານ
миллион

ພາສາອັງກິດ

английский

ພາສາອັງກິດແບບອາເມລິກັນ

американский английский

ພາສາຈີນແມນດາຣິນ

мандаринский китайский

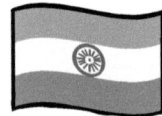

ພາສາຮິນດິ

хинди

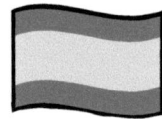

ພາສາສະເປນ

испанский

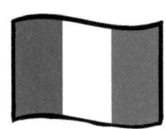

ພາສາຝຣັ່ງເສດ

французский

ພາສາອາຣັບ

арабский

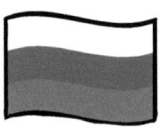

ພາສາຣັດເຊຍ

русский

ພາສາປ໊ອກຕຸຍການ

португальский

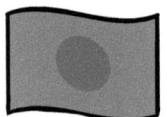

ພາສາແບງກາອລ

бенгальский

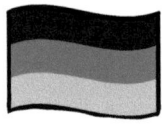

ພາສາເຍຍລະມັນ

немецкий

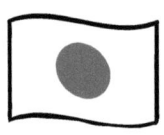

ພາສາຍີ່ປຸ່ນ

японский

ຂ້ອຍ

я

ເຈົ້າ

ты

ລາວ (ຜູ້ຊາຍ) / ລາວ (ຜູ້ຍິງ) / ມັນ

он / она / оно

ພວກເຮົາ

мы

ພວກເຈົ້າ

вы

ພວກເຮົາ

они

ໃຜ?

кто?

ແມ່ນຫຍັງ?

что?

ແນວໃດ?

как?

ຢູ່ໃສ?

где?

ເມື່ອໃດ?

когда?

ຊື່

имя

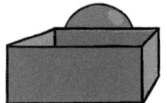

ຢູ່ທາງຫົວ

за

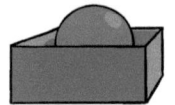

ໃນ

в

ຢູ່ທາງໜ້າ

перед

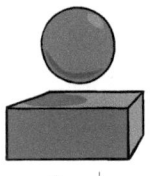

ເໜືອກວ່າ

над

ຢູ່ເທີງ

на

ຢູ່ກ້ອງ

под

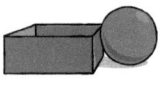

ທາງຂ້າງ

рядом

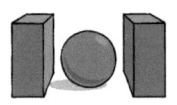

ຢູ່ລະຫວ່າງ

между

ສະຖານທີ່

место